Jeux de rôle pour les ~~~mateurs

# Chez le même éditeur

Dominique Beau, *La boîte à outils du formateur*

Gilbert Béville, *Jeux de communication*

Jacques Bojin et Sandrine Gelin, *Intervenir en public*

Edward de Bono, *Les six chapeaux de la réflexion*

Bruno Dufay, *Apprendre à expliquer*

Michel Fustier, *Exercices pratiques de communication*

Michel et Bernadette Fustier, *Exercices de créativité à l'usage du formateur*

Bruno Hourst, *Former sans ennuyer*

Bruno Hourst et Sivasailam Thiagarajan, *Modèles de jeux de formation*

Jacques Laverrière, Monique Santucci et Renée Simonet, *Formation à l'expression écrite et orale*

Guyette Lyr, *Oser s'exprimer*

Pascaline Malassingne, *Mesurer l'efficacité de la formation*

Christophe Parmentier, *L'essentiel de la formation*

François Paul-Cavallier, *Jeux de coopération pour les formateurs*

Renée Simonet, Jacques Salzer et Richard Soudée, *Former à l'écoute*

Michèle Taïeb, *Improviser*

François Proust
Fikry Boutros

# Jeux de rôle pour les formateurs

*Avec 40 jeux prêts à l'emploi
pour toutes les formations*

Éditions d'Organisation
Groupe Eyrolles
61, bd Saint-Germain
75240 Paris Cedex 05

www.editions-organisation.com
www.editions-eyrolles.com

Ce livre est la nouvelle édition entièrement refondue et mise à jour du *Précis de jeux de rôle* (co-écrit avec Patrick Posse), paru en 1991.

# Sommaire

# Introduction

*C'est en forgeant qu'on devient forgeron,*
*en écoutant les clients de la forge,*
*en regardant les forgerons forger,*
*en enseignant l'art de forger,*
*en écrivant sur la forge.*

RÉSEAU PENSANT

Le sommaire qui précède dit nos intentions : permettre aux formateurs de maîtriser une technique d'apprentissage dans toutes ses dimensions, celle du jeu de rôle pédagogique. Nous entendons par *jeu de rôle* la simulation par dialogue spontané et « pour de rire », afin que les joueurs progressent, dans une situation sociale ou professionnelle où les enjeux sont « pour de vrai ». Si tel est le jeu de rôle, alors cette technique d'apprentissage a précédé l'invention de l'école comme lieu séparé de la maison. Les enfants jouent des jeux de rôle naturellement, sans que les adultes les y aient préparés. Autant dire que le jeu de rôle s'inscrit dans l'histoire individuelle de la socialisation. Qu'est-ce qui chez l'homme peut faire objet d'éducation ? Prenons l'exemple de la conduite automobile.

Pour conduire une automobile, il faut connaître le code de la route, qui se mémorise par lecture et répétition. Cette acquisition du code de la route concerne la partie cognitive de l'homme, son cerveau. Il faut aussi être capable d'un certain nombre de mouvements justes qui associent bras, jambes et yeux pour circuler sur route et en ville.

Cette autre acquisition concerne la partie psychomotrice de l'homme. Ce n'est pas parce que l'on connaît le code de la route qu'on le respecte. L'hétérogénéité de la « connaissance » et du « respect » est au principe de la liberté humaine. Le respect du code de la route concerne cette partie de l'homme que nous désignons comme le cœur, siège métaphorique des permissions et des interdictions. Quand nous assistons à une transgression qui nous heurte, elle nous soulève le cœur. Le code de la route définit l'usage social de la conduite automobile. Cerveau, membres et cœur, tout se passe donc comme si trois instances chez l'homme pouvaient, devaient, être objets d'éducation, d'élévation ou de performance, mot qui signifie « accomplissement ». Et pour conduire une automobile, ces trois instances associées sont mises en branle par nos cinq sens, grâce auxquels nous arrivent les événements du monde. De « conduire » à « se conduire », il y a la différence du pronom personnel réfléchi. L'action se réfléchit sur son sujet. Le « jeu » du jeu de rôle s'adresse au « je » comme sujet de réflexion et d'action. La sécurité routière nous informe : 5 000 morts par an sur les routes, 100 000 blessés. Qu'y a-t-il de plus difficile au monde que de se conduire ?

Combien d'accidentés par an du management, de la communication et de la vente ? Il faut avoir tenu un guichet pour comprendre à quel point les hommes sont capables de mal se conduire. Le jeu de rôle met en branle et le cerveau et le cœur et, vous le lirez, les membres aussi.

Réfléchir avant l'action entraîne à la stratégie. Réfléchir aux opportunités pendant l'action entraîne à la tactique. Le jeu de rôle permet non seulement de se conduire, mais aussi de conduire les autres. Par l'exemple d'abord, la chose la plus contagieuse au monde.

En français, « exemple » se dit selon deux acceptions quasi contradictoires. Il désigne le *modèle à imiter*, mais aussi la *chose précise appartenant à une catégorie et qui sert à illustrer une idée*. La littérature nous offre deux exemples de jeux de rôle : *Les Fourberies de Scapin* de Molière (acte I, scène III et acte III, scène X) et *L'Apollon de Bellac* de Giraudoux. Molière nous confirme l'origine populaire de ce type d'apprentissage. Relevons trois points communs à ces deux morceaux choisis. Dans les deux cas, il s'agit de lever l'inhibition d'une personne, de lui faire incorporer par répétition et imitation un comportement nouveau destiné à obtenir du souhaitable ; dans les deux cas, les « formateurs », Scapin et le Monsieur de Bellac, *coachent* leur élève avant que chacun d'eux ne se confronte à la réalité. Si notre effort d'écrire servait à faire lire et Molière et Giraudoux, nous nous estimerions suffisamment récompensés. Ces deux exemples sont exemplaires aux deux sens du mot. Nous débutons par la bibliographie théâtrale. Qui s'étonnera que nous terminions par un « rideau » !

# 1

# Qu'est-ce qu'un jeu de rôle ?

## *Définition*

Le jeu de rôle est une technique pédagogique d'apprentissage des habiletés relationnelles ou comportementales. Par apprentissage, nous entendons la modification du comportement par essais répétés. Le jeu de rôle appartient à la famille des simulations et consiste pour un formateur à faire reproduire en salle une situation vraisemblable de face-à-face en partie imprévisible, entretien ou réunion, durant laquelle les personnes jouent un rôle plus ou moins prédéterminé en inventant le dialogue à partir d'un canevas ou d'éléments de scénario. Le dialogue est ensuite commenté et évalué en groupe pour en déterminer les effets eu égard à un objectif. En effet, personne ne parle pour ne rien dire, pour ne rien obtenir, ne serait-ce que l'établissement d'une relation, ne serait-ce que l'assentiment d'autrui, ne serait-ce que pour dire son existence.

Une personne joue un jeu de rôle pour acquérir un comportement qui lui paraît souhaitable, autrement dit pour être capable, dans l'ordre des relations humaines, de faire quelque chose dont elle était incapable auparavant. Quand nous allons à un rendez-vous qui nous importe, nous répétons « dans notre tête » nos répliques. C'est un jeu de rôle, ce peut-être aussi un ressassement, c'est-à-dire le contraire d'un changement et d'un progrès. Avant le jeu, commençons par la réalité, par deux exemples.

## La salade niçoise

Vous êtes dans une brasserie et vous avez commandé au garçon une salade niçoise – c'était sur la carte. Le garçon vous apporte un tas de salade, avec des haricots verts, dix rondelles de pommes de terre, du jambon coupé en cubes, du maïs et du thon en boîte, des betteraves, probablement pour la couleur rouge, et du vinaigre balsamique, probablement pour le chic. Tout sauf une salade niçoise ! Ce qui provoque en vous un double sentiment de déplaisir et de gêne. Déplaisir parce que vous ne recevez pas ce que vous attendiez. Gêne parce qu'il va vous falloir exprimer un désaccord et que vous ne savez pas comment l'autre va le prendre. **L'autre est par définition imprévisible.** Vous avez le choix entre deux attitudes : ou bien consommer ce que vous n'avez pas commandé ; ou bien appeler le garçon pour lui dire qu'il y a erreur. Dans les deux cas, il y a un coût psychologique, un prix-à-payer-pour. Quel est-il ?

Si vous consommez ce que vous n'avez pas commandé, vous ne le ferez pas sans vous donner mille raisons de mauvaise foi, et vous devrez probablement constater qu'en réalité, vous n'avez pas osé réclamer, que vous avez été lâche, que vous n'avez pas un comportement de client, etc. D'autant plus lâche que le comportement, disons adapté, ne relève pas de l'héroïsme. Ce coût s'évalue ici en termes de dégradation de l'estime de soi. À titre d'exemple, le texte qui suit décrit les affres par lequel passe un consommateur insatisfait.

### Nous, ici, c'est comme ça qu'on le fait

*– Et ce sera quoi comme dessert ? questionne la patronne.*

*– La carte des desserts, merci.*

*Après lecture des six lignes, nous optons pour un tiramisu, fait maison. Les deux tiramisus arrivent, non point dans une coupe, mais chacun sur une assiette allongé sur le côté, entouré de trois fleurs de crème Chantilly. Mon tiramisu me regarde avec surprise, il se sent deviné. Mais, pris par la conversation, ma petite cuillère pénètre la tranche qui se glace en bruissant. Ça rappelle en effet le tiramisu. Bon ? Mauvais ? Je ne sais pas. Mais pour sûr, ça rappelle le tiramisu. Et pris par le souvenir, au tiramisu je fais un sort mortel. Puis machinalement, je sors mon crayon à bille et commence de contrepéter : sutirami, misutira, ramisuti, miratisu.*

*La patronne commet une erreur. L'erreur de nous demander si nous sommes contents du repas et notamment du tiramisu. Alors se pose un cas de conscience : ou bien ne rien dire, fin de la journée, presque fin de la soirée, on a fait ses huit heures et plus, pas d'histoires, on ne rêve que de son lit, mouvement et bouche cousue. Ou bien dire et créer en soi et chez autrui un trouble dont personne ne vous saura gré, ni la patronne narcisse, ni l'amie lassée. Pourquoi aller à sa perte ? Et si je mourais dans la nuit ? Crainte de laisser un être humain dans l'ignorance ? Pour qu'une nouvelle bonne action me soit comptée ? Bref, après avoir opté pour le tiramisu, j'opte, avec la dernière énergie avant la déclaration de guerre, j'opte, dis-je, pour le commentaire de texte sur le tiramisu.*

*— Chère madame, j'ai apprécié dans ce dessert qu'il rappelle le tiramisu. Ça a la couleur du tiramisu, le prix du tiramisu, mais ça n'est pas du tiramisu.*

*— Mais, cher monsieur, nous, ici, c'est comme ça qu'on le fait.*

*— Nous. Ici. Je veux bien. Mais outre que le tiramisu n'est pas d'ici, ni de chez vous, il y a une histoire, une recette, un dictionnaire, peut-être un « Que sais-je ? », que sais-je, je ne sais pas comment vous dire, qui définit ce que le tiramisu est. Et un tiramisu qui n'est pas conforme à cette loi n'est pas un tiramisu.*

*— Celui-ci est fait maison. C'est marqué sur la carte.*

*– Que diriez-vous, madame, si découpant un rectangle dans votre nappe en papier et écrivant dessus : cinquante euros, je vous annonçais : moi, ici, c'est comme ça que je le fais, l'euro. Vous répondriez que vous voulez de l'euro à la mode de Chamalières. Eh ! La monnaie, c'est comme les mots, même si certains en possèdent beaucoup plus que d'autres, même si certains en ont des millions pendant que d'autres rêvent de quelques-uns, monnaie et mots appartiennent à tout le monde et tout faux-monnayeur est un coupable. Enfin, je ne confonds pas : fait maison et fait à la mode de la maison. Acceptez ce cadeau. Pour votre entremets glacé, je vous offre « miratisu » que je vous prie d'employer à la place de « tiramisu » et supprimez « fait maison ».*

*– Ce n'est pas une façon de parler.*

*– Ce n'est une façon de faire, c'est une contrefaçon.*

*Les deux tiramisus figurent sur l'addition. Le mien me pèse quatre fois sur l'estomac : et de l'avoir commandé, et de l'avoir mangé, et de l'avoir dit, et de l'avoir payé. Qui sait gré aux gardiens de la loi ? Gardien de la loi n'est pas forcément gardien de la paix. Mon énergie, à vingt-deux heures trente, ne vaut-elle pas douze euros ? Mauvais coucheur ! Et l'invention d'un mot ? Et la réparation d'une faute ? Nous, ici, c'est comme ça qu'on le fait. Détestable subjectivisme de notre époque. Elle y va de son couplet sur la différence et règne le cheznouscentrisme. Chacun croit inventer au moment qu'il trahit. Lisez-vous « fait maison » ? Méfiez-vous, c'est une dénégation. Mais l'homme, une fois son devoir fait, relâche sa vigilance et pour passer une bonne heure donne sa confiance. Pour un cuisinier qui meurt en sa chambre d'avoir prétendument fauté, combien vivent chaque jour de leur petite délinquance, faite maison !*

Paru dans La Croix le 25 mars 2003

Appeler le garçon pour lui dire qu'il y a erreur, c'est prendre le risque d'un conflit. D'autant plus que le même garçon vous dira probablement : « Ici (sous-entendu à Rouen, à Paris, à Niort, etc.), c'est comme ça qu'on la fait, la salade niçoise. » Et il modulera dans les graves « la salade niçoise ». Comme les personnes n'aiment pas être prises en défaut dans leur métier, parce que l'expertise du métier est constitutive de leur identité, le garçon ajoutera peut-être avec ironie : « Et pour vous alors, on la fait comment, la salade niçoise ? » Dans votre désarroi, vous ne serez pas vraiment capable de décliner la recette de but en blanc. Souvent, nous savons ce que n'est pas une chose sans réellement savoir ce qu'elle est. Ainsi vous savez que ni Los Angeles, ni San Francisco ne sont les capitales de la Californie. Mais pourriez-vous dire que c'est Sacramento ? Beaucoup de nos connaissances sont négatives : nous savons que la chose présente n'est pas celle que nous cherchons, tout en étant incapables de décrire celle que nous cherchons. Un bon jeu de rôle devrait pouvoir vous sortir de cette impasse. C'est l'unique médication.

## Jean Beausire, un commercial gourmand

Vous dirigez une équipe de commerciaux. L'un d'entre eux, Jean Beausire, vous donne sa note de frais : il a ajouté à l'avion et à l'hôtel une facture d'hebdomadaires et deux notes de taxi quand, selon vous, il aurait pu prendre l'autobus ou le métro. Quant à ses frais de restaurant, on dirait qu'il a testé toute la carte. Certes, il apporte un contrat intéressant et important, mais il n'empêche qu'il a dépassé les règles écrites en matières de frais. Vous êtes ennuyé de devoir refuser le paiement de ces notes de frais, alors qu'il a remporté un succès. Vous craignez de le vexer et de briser sa motivation. Or, c'est votre rôle en tant que manager de faire respecter les règles. Que dira votre propre manager si vous laissez passer ça ? Que vous vous laissez avoir par une *diva*. Que Jean Beausire va continuer. Et qu'une fois l'avantage acquis, vous serez bien en peine de le remettre à la règle.

Vous avez le choix entre deux comportements et chacun d'eux peut prendre deux formes, soit quatre possibilités. Ou bien accepter le dépassement des règles en matière de notes de frais sans rien dire, ou en précisant au commercial que vous faites une exception. Ou bien refuser le dépassement sans lui donner d'explication, ou alors en lui expliquant votre refus lors d'un entretien. Dans les quatre cas, il y a un coût. À la ville, comme à la scène, **choisissez le coût le plus fort à court terme, qui est le plus faible à moyen terme.** Le jeu de rôle auquel s'entraîner est celui-ci, et c'est le seul : expliquer au commercial votre refus partiel de sa note de frais, sans le vexer et sans briser sa motivation. Le commercial pourra arguer du fait qu'il a bien mérité le dépassement vu son succès commercial. Vous devrez lui expliquer que ce n'est pas à lui de juger de son mérite. Il le sait très bien. Il feint de ne pas le savoir pour tester jusqu'où il peut aller. Normal, comme tout le monde ! Vous avez dû faire ça, vous aussi. Un bon jeu de rôle devrait pouvoir vous sortir de cette impasse. C'est l'unique médication.

Les deux situations que nous venons de décrire ont en commun que deux personnes, le client et le manager, ont à dire non. Dire non, c'est ce à quoi chacun répugne, parce que ni vous ni moi n'aimons les histoires. Celles qui nous viennent des autres. Nous n'avons bien sûr aucune conscience des histoires que nous engendrons. Des histoires, moi, jamais ! Le pervers est probablement celui qui, droit dans les yeux, sourit en disant : « Non. » Dire non est une vieille affaire et l'on ne dit *oui* peut-être qu'une fois dans sa vie.

L'écrivain espagnol Gracián (1601-1658) écrit dans *L'Art de la prudence* (Payot/Rivages) :

> *« Tout ne se doit pas accorder, ni à tous. Savoir refuser est d'aussi grande importance que savoir octroyer ; et c'est un point très nécessaire à ceux qui commandent. Il y va de la manière. Un non de quelques-uns est mieux perçu qu'un oui de quelques autres, parce qu'un non assaisonné de civilité contente plus qu'un oui de mauvaise grâce. Il y a des gens qui ont toujours un non à la bouche, le non est toujours leur première réponse, et, quoiqu'il leur arrive après de tout accorder, on ne leur en sait point de gré, à cause du non mal assaisonné qui a précédé. Il ne faut pas refuser tout à plat, mais faire goûter son refus à petites gorgées, pour ainsi dire. Il ne faut pas non plus tout refuser, de peur de désespérer les gens, mais au*

*contraire laisser toujours un reste d'espérance pour adoucir l'amertume du refus. Que la courtoisie remplisse le vide de la faveur, et que les bonnes paroles suppléent au défaut des bons effets. Oui et non sont bien courts à dire ; mais, avant que de les dire, il faut y penser longtemps. »*

Tels que, ces deux cas de la salade niçoise et du commercial gourmand peuvent donner matière à jeux de rôle. Le lien social qui fonde la situation du jeu de rôle, c'est l'intérêt d'un joueur à obtenir quelque chose d'un autre, y compris son assentiment comme dans le second cas. Sont mises en face-à-face ou bien deux personnes dont l'une veut convaincre l'autre de quelque chose, ou bien deux personnes liées par une relation organisationnelle, qui ont un différend négociable et que l'une a plus d'intérêt que l'autre à réduire. Peuvent être mis en relation et donc en scène un vendeur et un client, un chef de service et ses collaborateurs, une standardiste et un abonné au téléphone, un chef du personnel et un candidat à l'embauche, un concierge d'hôtel et un voyageur, etc.

Un jeu de rôle tend toujours plus ou moins à faire en sorte que la personne ré-aménage superficiellement son économie du moi, c'est-à-dire l'usage de son énergie. Illustrons ce problème de l'économie du moi. Les mères se plaignent avec quelque raison que, dans les grands magasins, les bonbons soient disposés à la hauteur des yeux des enfants. Leur plainte s'explique par l'économie qu'elles souhaitent faire de leur énergie en n'ayant pas à dire non à leurs enfants. Et pourtant, n'est-ce pas le rôle du vendeur que d'exercer des pressions sur le client afin de vendre ? N'est-ce pas le rôle du client que de résister et de dire non quand il souhaite ne pas acheter ? Que les parents n'aient pas à éduquer et que les managers n'aient pas à manager serait plus économique du point de vue de leur moi. Hélas ! Éduquer comme manager, c'est matin, midi et soir. Dès qu'on sort de la forteresse de son moi, il faut s'attendre à des situations déplaisantes.

Le réaménagement de l'économie du moi consiste ici à penser qu'il est normal, de leur point de vue, que les vendeurs des grands magasins exposent les bonbons à la hauteur des yeux des enfants, qu'il est normal de ne pas manger un plat qu'on n'a pas commandé, qu'il est normal pour un manager de faire respecter les règles, qu'il n'est pas anormal, hélas, pour un garçon de brasserie de ne pas connaître son métier, qu'il n'est pas anormal pour un commercial qui vient de remporter un gros contrat d'essayer de transgresser les règles. Vous pouvez toujours vous dire que le commercial n'est pas adulte. Ça ne mange pas de pain ! Hormis le fait que l'état d'adulte n'est peut-être qu'un rêve d'enfant, votre énoncé ne change rien à la réalité. Au moins dans les affaires humaines, la vie, c'est plutôt l'écart permanent eu égard à la loi, à la règle.

Reprenons les deux cas. Vous demandez une salade niçoise, le garçon vous apporte une salade n'importe quoi. Vous l'appelez pour lui signifier qu'il y a erreur. Il est illusoire de penser que le garçon de café admettra l'erreur et que vous obtiendrez une vraie salade niçoise. Si la brasserie savait la faire, vous l'auriez déjà dans votre assiette. Il importe donc qu'avant d'appeler le garçon, vous ayez un objectif. Que voulez-vous obtenir ? Au mieux, vous pouvez obtenir que le garçon la remporte à la cuisine et vous invite à choisir un autre plat sur la carte. Choisissez-le de préférence sans risque. Parmi les plats avec risques, signalons le carpaccio, l'assiette anglaise, les œufs au plat qu'on vous fournit aujourd'hui cassés dans l'assiette. Un plat sans risque : le biftèque-frites.

**Tous les jeux de rôle ont un ressort dramatique,** ils ressortissent du théâtre, puisqu'ils reposent sur un différend auquel deux ou plusieurs personnes ne sont pas indifférentes et que tous les jeux de rôle sont des saynètes de la vie. Nous venons de dire à propos du consommateur déçu de la salade niçoise : que veut-il obtenir ? Cela signifie qu'avant de rappeler le garçon, le client doit se livrer à un monologue intérieur de nature stratégique. C'est un jeu de rôle de soi à soi du genre dialogue intérieur.

Jouer un rôle de soi à soi, ou communiquer avec soi-même, la chose la plus difficile au monde ! Comme se regarder dans un miroir sans voir la répétition répétitive de soi-même, ce qui ne serait que ressasser.

À la source du gouvernement des autres, il y a le gouvernement de soi-même, qui est le point de départ de la philosophie grecque et « orientale ». D'une certaine façon, la philosophie grecque n'est que ça : apprendre à se gouverner. Les spécialistes de cette maîtrise sont les stoïciens, dont la manière de vivre et de penser a donné le mot « stoïque », qui signifie maître de soi. Le jeu de rôle est un exercice de maîtrise de soi et du coup de maîtrise des autres dans l'ordre de ce qui convient de faire selon les circonstances.

La prudence, au sens classique, ne se définit pas par la frilosité dans les choix, mais par la capacité d'arbitrer selon ce qui convient le mieux entre deux choix. L'homme n'a jamais à choisir entre le bien et le mal, mais entre deux types de biens (ou qui lui apparaissent tels) ou de satisfactions. Le régime alimentaire est un paradigme ou un modèle de pensée de la philosophie grecque : la prudence consiste à choisir entre une satisfaction à court terme, comme manger un gâteau et grossir, ou une satisfaction à moyen terme, comme conserver un beau corps et se priver d'un gâteau. Différer une jouissance immédiate au nom d'une jouissance à venir, c'est le principe de l'épargne.

## Technique du jeu de rôle

Un jeu de rôle pédagogique se déroule en trois moments, avant, pendant, après : un moment de préparation des joueurs et du groupe durant cinq à dix minutes ; un moment de jeu qui dure de cinq à dix minutes et qui n'implique que les joueurs ; un moment d'évaluation, d'analyse et d'exploitation qui varie de quinze à trente minutes et qui sollicite tout le groupe. Le formateur peut saisir l'occasion de l'évaluation pour faire, si besoin est, un exposé bref. La formalisation arrive mieux après la démonstration.

Dans les deux cas précédents, les personnes qu'il s'agit d'entraîner sont le client de la salade niçoise et le manager du commercial. Ainsi, dans le scénario de jeu de rôle que nous proposons – le document qui leur revient –, ils sont désignés par le mot d'« analysé », tandis que le rôle de l'autre est désigné par celui de « prétexte ». De même, celui qu'il s'agit d'entraîner, dans le cas d'une réunion, est celui qui l'anime (l'analysé) et qui a convoqué ses collègues (les prétextes). C'est celui sur qui pèse la sanction de la réussite ou de l'échec qui a intérêt à se perfectionner. Le jeu de l'analysé est évalué en fonction de l'objectif qu'il s'est donné à partir de deux questions décisives : son objectif était-il pertinent vu la situation et eu égard à un certain nombre de critères ? L'a-t-il atteint, comment et à quel coût ? Si les positions d'analysé et de prétexte n'étaient pas identifiées, c'est à peu près comme si, débutant au tennis, vous entraîniez votre coup droit en lançant la balle contre un mur qui avancerait ou reculerait. Analysé et prétextes jouissent d'une certaine marge de manœuvre pour interpréter comme ils l'entendent la situation décrite dans le document qui leur est fourni. **Réfléchir avant de jouer, c'est ce que l'on appelle la stratégie. Réfléchir en jouant, c'est ce qu'on appelle la tactique.** C'est-à-dire se comporter en tenant compte de ses ressources propres et de l'argumentation de l'autre.

Dans un jeu de rôle, simulacre d'une réalité, il faut préciser qui doit prendre la parole le premier, qui lance la balle. C'est bien entendu celui qui a l'initiative ; soit, dans le cas de la réunion, celui qui l'anime et qui sera l'analysé ; et dans le cas de l'entretien, le demandeur, qu'il soit manager ou managé. Parmi toutes les tactiques, le formateur sera sensible, durant l'évaluation d'un entretien, à celle du renversement des tuyères. Cette manœuvre dont le principe est de retourner à son profit l'avantage supposé de l'autre consiste pour le convoqué à prendre la parole le premier, à la place de celui qui convoque. Par exemple : « Monsieur Burchett, vous avez demandé à me voir. Ça tombe bien, je voulais m'entretenir avec vous au sujet de… » Cette manipulation se dénomme : couper l'herbe sous le pied. Il existe une autre manière de renverser les tuyères qui consiste, pour celui qui a l'initiative, à débuter l'entretien ou la réunion par cette phrase : « À votre avis, pourquoi vous ai-je convoqué ? » Cette manipulation joue sur le sentiment de culpabilité, chose du monde la mieux partagée. **En un mot, se livrer aux jeux de rôle, c'est transformer ses préoccupations en occupations.**

## Post-scriptum : qu'est-ce qu'une salade niçoise ?

Ceci n'est pas un livre de gastronomie. Mais le lecteur peut être irrité de ce qu'une question soit ouverte sans que la réponse soit proposée. Voici donc la recette empruntée au *Monde 2* du 23 juin 2007 :

La base de la salade niçoise est la tomate coupée en rondelles épaisses. Pour six personnes, il en faut une dizaine que l'on sale une première fois pour qu'elles rendent leur eau. Un concombre épluché tranché finement, deux poivrons verts et six petits oignons blancs taillés en anneaux très minces s'y ajoutent toujours. Ensuite, selon la saison, des févettes fraîches ou de petits artichauts de pays, également émincés. À l'origine, seuls une douzaine de filets d'anchois entraient dans la niçoise. Le thon était trop cher.

Cela dit, la dernière salade niçoise que l'un de nous d'eux a consommée comptait deux filets d'anchois ! Deux au lieu de douze ! Aujourd'hui, le thon en boîte est toléré.

Trois œufs durs en quartiers, cent grammes d'olives noires de Nice. Dresser le plat frotté à l'ail après avoir égoutté et salé une deuxième fois les tomates, en mêlant harmonieusement les ingrédients et en les arrosant d'huile d'olive et de basilic haché. Un tour de moulin à poivre, un tour dans le réfrigérateur. À servir fraîche.

# La salade niçoise

**Feuille A : analysé**

1) Acteurs :    vous, le client

lui, le garçon de café

2) Votre situation : assis à une terrasse de brasserie, vous avez commandé une salade niçoise. Le garçon vient de déposer devant vous un tas de salade verte, avec des haricots verts, dix rondelles de pommes de terre, du jambon coupé en cubes, du maïs et du thon en boîte, des betteraves probablement pour la couleur rouge et du vinaigre basaltique pour le chic. Tout sauf une salade niçoise ! Vous éprouvez gêne et déplaisir. Déplaisir parce que vous ne recevez pas ce que vous attendiez. Gêne parce qu'il va vous falloir exprimer un désaccord dans un moment que vous vouliez tranquille, et que vous ne savez pas comment l'autre va le prendre. Vous décidez de rappeler le garçon pour lui dire qu'il y a erreur.

.......................................................................................

**Feuille B : prétexte**

1) Acteurs :    vous, le garçon de café

lui, le client

2) Votre situation : voilà dix ans que vous faites ce métier et vous êtes très fier de votre professionnalisme. Des clients, vous en avez connu de toutes sortes, et celui qui vous fera tourner en bourrique n'est pas encore né. Ceux qui vous agacent le plus sont ceux qui croient connaître mieux votre métier que vous. Pas plus tard qu'hier, l'un se plaignait de la salade niçoise. Paraît-il qu'elle n'était pas comme il faut. Et quoi encore ! S'ils la veulent niçoise, qu'ils aillent à Nice. Ici, on est à Rouen et ici, c'est comme ça qu'on la fait. Pour un peu, on ne serait plus libre en France !

# *Jean Beausire, commercial gourmand*

**Feuille A : analysé**

1) Acteurs :    vous, le manager des commerciaux

                   lui, un commercial

2) Votre situation : un commercial vient de remporter un contrat. Bonne chose ! Il vient de vous faire parvenir sa note de frais. Mauvaise chose ! Il a ajouté à l'avion et à l'hôtel une facture d'hebdomadaires, deux notes de taxi. Il aurait pu prendre l'autobus ou le métro. Quant à ses frais de restaurant, on dirait qu'il a testé toute la carte. Certes, il apporte un contrat intéressant et important, mais il a outrepassé les règles en matière de frais. Vous êtes ennuyé de devoir refuser le paiement de ces notes de frais, alors qu'il a remporté un succès. Vous craignez de le vexer et de briser ainsi sa motivation. Or, c'est votre rôle en tant que manager de faire respecter les règles. Que dira votre propre manager si vous laissez passer ça ? Que vous vous laissez avoir par une diva. Qu'il va continuer. Et qu'une fois l'avantage acquis, vous serez bien en peine de le remettre à la règle.

...................................................................................

**Feuille B : prétexte**

1) Acteurs :    vous, ingénieur commercial

                   lui, votre responsable hiérarchique

2) Votre situation : vous venez de remporter un contrat important et intéressant qui vous a demandé beaucoup d'énergie et de travail. C'est une opportunité fantastique pour l'entreprise ! Vous pensez que pour bien vendre, l'entreprise doit vous offrir ce minimum de confort qui rassure : taxis et bons restaurants. Retournant sur Paris, vous avez acheté à l'aéroport des hebdomadaires pour vous récompenser. Vous le valez bien. Votre patron vous a convoqué. C'est bien sûr pour vous féliciter.

2

# Quels sont les neuf usages du jeu de rôle ?

## *Usages du jeu de rôle en formation professionnelle*

Un jeu de rôle a pour objectif de faire produire des échanges de paroles (du matériel verbal) qui seront ensuite soumis à analyse et évaluation à partir d'un référentiel. Nous appelons *référentiel* l'ensemble des connaissances et des conduites qui sont légitimement attendues de quelqu'un dans l'exercice de son métier.

Le jeu de rôle a pour finalité l'acquisition par une personne d'une ou plusieurs habiletés relationnelles considérées comme socialement utiles par la personne et par l'organisation qui emploie cette personne. Bref, le jeu de rôle est fait pour « s'apprentir » (inventons ce verbe qui manque à la langue) à la pratique d'un rôle.

Nous appelons rôle une conduite définie par un système d'attentes (client, collaborateurs, supérieur hiérarchique, pair) ou par une définition de fonction en harmonie avec la culture de l'entreprise.

Les éléments de scénarios décrivent de manière réaliste les expériences les plus difficiles, les plus attendues, les plus décourageantes d'un métier ou d'une fonction. Celles auxquelles la vie courante ne prépare qu'imparfaitement. La finalité du jeu de rôle se décompose en principaux usages. Nous en identifions neuf.

## 1. Soumettre à l'épreuve de la réalité

Avant de plonger, l'eau de la piscine est toujours froide. Le jeu de rôle permet de se familiariser avec des situations redoutées, comme l'entretien d'appréciation ou d'autres entretiens qui consistent par exemple à faire part de son désaccord à son responsable hiérarchique, à expliquer à un fournisseur dont on a besoin qu'il ne respecte pas les délais. Le jeu de rôle permet aussi de faire des essais, c'est-à-dire de mettre à l'épreuve d'un certain degré de réalité une nouvelle manière de présenter un produit ou une manière de présenter un nouveau produit.

Voici une réplique assertive et non agressive du client vis-à-vis du garçon de café :

> *– Monsieur, je vous ai commandé une salade niçoise. Et ce que vous m'amenez ne correspond pas du tout à ce qu'on appelle communément une salade niçoise. Par exemple, il n'y a jamais de maïs, mais des anchois ou du thon. Je vous serais reconnaissant de bien vouloir me donner la carte de manière à ce que je commande un autre plat. D'avance, je vous remercie.*

## 2. Acquérir des compétences pratiques

Par exemple au téléphone, pour répondre aux clients de manière accueillante. Pour ne pas se mettre en colère en résonance avec les personnes qui réclament avec violence. Par exemple pour conduire des réunions de service courtes, efficaces et satisfaisantes pour les collaborateurs. Les réunions longues, ennuyeuses, inefficaces, sont l'une des plaies des organisations.

> *– C'est insupportable ! Ça fait un quart d'heure que j'attends que votre standard réponde. Vous vous fichez du monde. Ou plutôt vous ne fichez rien du tout dans votre boîte ! J'attends*

*comme un imbécile, et pendant tout ce temps, je ne peux rien faire d'autre. Vous trouvez ça normal, vous ? Mais vous n'en avez peut-être rien à faire des clients ?*

*– Je suis désolée, monsieur. Je suis à votre écoute.*

*– C'est avant qu'il fallait écouter. Je ne sais plus ce que je voulais vous demander.*

*– Encore une fois, je suis désolée, monsieur. Prenez quelques secondes pour vous souvenir, je reste à votre écoute.*

## 3. Disposer d'un miroir de ses attitudes et de ses comportements

En écoutant les commentaires des observateurs et en découvrant ce qu'ils ressentent après avoir observé la prestation. Nous ne sommes jamais innocents quant à la manière dont les autres nous voient. Sous cette forme, l'analyse d'un jeu de rôle par les observateurs affine la perception de soi en développant la sensibilité aux autres. C'est une autre manière de se soumettre à l'épreuve de la réalité que d'écouter sans mot dire ce que les autres pensent. Dans la vie courante, il est rare que les autres nous confient, de manière recevable, des commentaires sur nos manières de faire et sur les façons de les améliorer.

*– Quand vous dites au garçon de café qu'il ne connaît pas son métier en vous apportant une fausse salade niçoise, vous avez probablement raison, mais ce n'est pas comme ça que vous le mettrez dans de bonnes dispositions à votre égard. Vous êtes agressif et je ne vois pas ce que vous cherchez à obtenir sinon à le vexer et le mettre en colère. Vous vous soulagez d'un mécontentement, mais vous n'aurez probablement pas à manger. Vous obtenez une satisfaction à court terme – vous soulager symboliquement d'une frustration – aux dépens d'un plaisir à moyen terme : manger quelque chose qui vous convient.*

## 4. Se mettre à la place de l'autre et intérioriser une position

En jouant le rôle opposé à celui auquel on est d'habitude confronté, on comprend mieux la nature de ses résistances ; c'est ainsi qu'on améliore sa capacité à identifier une meilleure argumentation. Il est clair que la position influe sur l'attitude et donc sur le rôle. Par exemple, un employé qui fait du télémarketing comprendra mieux comment présenter son enquête s'il joue le rôle du citoyen dérangé chez lui par un coup de téléphone intempestif. Par exemple, il est toujours utile qu'un vendeur joue des rôles de clients. Ainsi pourrait-on, par extension, recommander aux architectes d'habiter quelque temps les immeubles qu'ils construisent. L'inversion des rôles incite à la compréhension de l'autre.

> *– Je n'avais jamais ressenti à quel point il est usant pour un manager de faire respecter des règles à des collaborateurs qui les connaissent, mais font semblant de les oublier pour obtenir un avantage quelquefois plus symbolique que matériel, comme mettre au défi leur chef pour savoir jusqu'où ils peuvent aller dans la transgression acceptée.*

## 5. S'entraîner à la façon de faire la plus efficace

Dans une situation donnée, de manière à corriger des manques. C'est l'usage de base du jeu de rôle en formation professionnelle. Le jeu de rôle est aux gens de métiers ce que la répétition est aux acteurs et ce que l'entraînement est aux sportifs. **Il n'est pas interdit au formateur de montrer la façon de faire la plus efficace** dans une situation donnée : elle servira de référentiel ou de modèle, de manière à induire des processus d'identification dans le groupe ; c'est une fonction démonstrative qui a pour but de modeler des conduites et de susciter l'approfondissement des conséquences d'une conduite sur autrui ou sur une situation. Un formateur qui n'ose pas se mettre en scène est comme un professeur de mathématiques qui ne ferait pas de démonstration au tableau.

> *– L'entreprise, monsieur Beausire, n'a pas à s'ingérer dans la vie personnelle de ses collaborateurs qui peuvent, comme ils le*

*souhaitent, lire les hebdomadaires de leur choix et déjeuner à leur goût. Donc, il me reste à faire deux choses : vous féliciter pour le contrat que vous venez de remporter et vous dire que votre note de frais ne sera remboursée qu'à la hauteur de la note de service que vous connaissez et qui est une règle intangible. Si, pour une raison extraordinaire, il y a dépassement, c'est avant qu'il faut en discuter et non après. Cela ne me choque pas ; ce que je retiens, c'est votre succès. Quant à moi, l'incident est clos.*

L'erreur à ne pas commettre ici consiste à demander son avis au commercial. Ne demandez jamais leur avis aux personnes à qui vous imposez une décision qui ne leur convient pas. Cette question : « Qu'en pensez-vous ? » ne ferait que relancer en boucle une conversation qu'il est préférable pour vous de clore.

## 6. Mettre en pratique certains principes et certains conseils, et surtout établir un référentiel au début d'un séminaire

Par exemple, pratiquer l'écoute selon la grille d'analyse de Porter ; conduire des entretiens selon les quatre modalités d'Hersey et Blanchard ; maîtriser son stress dans des situations difficiles ou organiser son temps de parole dans un entretien de recrutement. On observe souvent que, dans des entretiens de recrutement, le recruteur parle pendant plus des trois quarts du temps ; on a vu aussi, lors d'épreuves orales, des examinateurs s'exprimer plus longtemps que les élèves et finalement se noter eux-mêmes. Aucune collectivité ne demande à ses membres d'être des héros, elle leur demande de s'arrêter aux feux rouges, c'est-à-dire de respecter des normes. Les héros sont ceux qui instituent des valeurs. L'entreprise est un lieu de normes et de règles, non un lieu de valeurs, sauf financières. Seuls les femmes et les hommes peuvent être valeureux, courageux, justes, vertueux, y compris dans les entreprises ; les entreprises en tant que telles ne le peuvent pas.

## Exercice

Votre commercial a remporté un beau contrat, mais a dépassé les règles de l'entreprise en matière de notes de frais. Quel est le comportement que vous considérez comme « normal » de la part du manager ? Entourez le numéro de votre choix :

1. Tout de suite le mettre à la règle pour qu'il comprenne. Je fais rembourser sa note de frais à la hauteur de la note de service. Je ne le convoque pas, il comprendra de lui-même.

2. Comme c'est un bon et que je veux l'encourager, je lui montre que l'entreprise tient compte de ses efforts. Je le convoque, le félicite, lui dis que je signe sa note de frais, mais que c'est une exception.

3. Comme c'est un bon et que je ne veux pas le décourager, je signe sa note de frais sans rien lui signifier. Il se rendra compte de lui-même de l'estime que je lui porte et ramènera d'autres contrats aussi intéressants.

4. C'est un bon. Je ne veux ni le décourager, ni lui laisser prendre de mauvaises habitudes. Je le convoque, je lui dis que sa note de frais n'est pas réglementaire, et termine par mes félicitations. Il sera remboursé à la hauteur de la règle, ni plus, ni moins.

5. Les commerciaux sont terribles. Ils se prennent tout de suite pour des héros. Les mettre au pas tout de suite. Je ne rembourse rien de sa note de frais. Il verra ce qu'il en coûte de jouer au mariole.

Une fois l'exercice fait, chacun peut examiner les conséquences du choix qu'il a fait.

## 7. Montrer ce qu'il ne faut pas faire et enseigner l'art de déjouer les manipulations

Dans des situations données : par exemple, le responsable du recrutement, qui veut baisser les coûts du recrutement dans son entreprise, réunit des cadres qui sont en situation d'embaucher pour leur service et joue avec l'un d'eux un entretien de sélection pour un poste précis. Pour susciter une prise de conscience, il peut, en se mettant à la place de ses collègues, accumuler toutes les bévues à ne pas commettre et produire ainsi un contre-référentiel.

Dans un *Sextuor en fa majeur pour cordes et deux cors* (K. 522) intitulé *Une plaisanterie musicale*, Mozart a brossé la caricature du mauvais compositeur en rassemblant tout ce qu'il ne fallait pas faire : c'est un contre-référentiel. Le référentiel pourrait être sa dernière sérénade, la fameuse *Petite Musique de nuit* (K. 523).

> *– Écoutez, Beausire, pour cette fois, cette fois seule, et pour vous seul, je vais faire une exception. Je vais signer votre note de frais. Mais je vous demande deux choses : un, de ne le dire à personne, vos collègues en profiteraient ; deux, que ça ne se reproduise pas parce que je serais obligé de vous dire non, ce qui nuirait à nos bonnes relations.*
>
> *– Vous ne trouvez pas mesquin de la part de l'entreprise de refuser un petit dépassement de note de frais lorsque le commercial vient de remporter un grand succès ?*
>
> *– Non, je ne trouve pas ça mesquin. En revanche, je ne comprends pas qu'un collaborateur ne respecte pas une règle qu'il connaît. Beausire, je propose de clore cet incident. Ne gâchons pas votre succès.*

## 8. Montrer la variété des façons de faire dans une situation donnée

Le formateur distribue le jeu de rôle à tous les participants en leur demandant d'écrire sur le document ce que seraient leur objectif et leur tactique. On peut sophistiquer le dispositif en organisant des sous-groupes. Un tour de table permettra de faire le point. Cela peut être fait pendant que les joueurs se préparent ou en leur présence. Quant à la vie privée, nos arbitrages ne regardent que nous. Mais ils peuvent avoir des effets sur nous (renforcement de la passivité sociale ou de l'agressivité) et sur les autres. Quant à la vie professionnelle, nous sommes censés respecter et faire respecter des règles ; nous avons des responsabilités, nous en sommes comptables. Avoir une attitude stratégique dans la vie consiste d'abord à lister ou à voir (la vision est un mode de connaissance) toutes les options possibles en réponse à une situation.

Chacune des réponses qui suivent a des avantages et des inconvénients symboliques ou matériels, d'honneur ou de bien, comme on disait au XVIIe siècle :

– *J'appelle le garçon pour lui dire qu'il ne sait pas ce qu'est une salade niçoise.*

– *J'appelle le garçon pour lui dire qu'il y a erreur.*

– *Je regarde sur la carte pour voir s'il y a une salade correspondant à ce qu'il m'a apporté, auquel cas il se serait simplement trompé de client.*

– *Je mange ce qu'il m'apporte parce que j'ai eu tort de demander un plat que peu de brasseries savent faire. Je suis à Rouen, c'est comme si j'avais commandé une entrecôte à Pékin. C'est stupide.*

– *Ce n'est pas ce que j'ai demandé, mais je suis pressé de déjeuner.*

– *Je ne vais pas faire une histoire pour ça. J'ai un rendez-vous important dans une heure et je préfère me concentrer plutôt que de m'échauffer.*

– *Bah ! C'est une bonne occasion de goûter quelque chose qu'en aucun cas je n'aurais demandé. Heureusement que Catherine n'est pas là. Elle m'aurait encore reproché de ne pas avoir osé réclamer.*

*– Je vais coincer le garçon de café. J'en mange la moitié, ma faim sera satisfaite. Et je lui dis qu'il s'est trompé de plat. Il a fait une erreur, moi une étourderie, je ne paye que la moitié. Une bonne discussion en vue.*

*– (Vous avez consommé ce qu'on vous a apporté. Le garçon, rituellement, vous demande si vous êtes satisfait.) Non, je ne suis pas satisfait, j'ai demandé une salade niçoise et vous m'avez fait manger une salade du chef. C'est fort désagréable.*

## 9. Vérifier et analyser la capacité d'une personne à atteindre un objectif

Dans ce cas, au joueur qui a l'initiative de la situation, le formateur demande de noter sur un papier, avant de jouer, l'objectif qu'il se donne ; le joueur ne livrera son objectif au groupe qu'après le jeu de rôle ; il faudra, lors de l'évaluation, se demander si l'objectif était pertinent vu la situation. Cet usage permet du coup de **sélectionner et certifier des candidats** dans des situations de recrutement, de concours ou d'examens professionnels.

*– Mon objectif était de me concilier un commercial hors normes, d'en faire un allié. C'est pour cela que je lui fais rembourser sa note de frais. Je vois bien que c'est avec lui que je vais pouvoir obtenir mes objectifs annuels.*

# Domaines d'application, types d'interactions et fonctions

Les domaines d'application du jeu de rôle à l'univers du travail sont nombreux. Classons-les par fonctions et par types d'interactions. Il n'y a que deux types d'interactions : l'entretien et la réunion. **Dans les relations humaines, le nombre de personnes rassemblées est toujours la variable la plus structurante.** On se dit à deux, « d'homme à homme », des choses qu'on ne se dit pas à trois parce qu'à trois il y a un témoin, un rapporteur, un juge. L'entretien concerne deux personnes et deux seules ; la réunion inclut de trois à huit personnes ou plus. **Plus le nombre de personnes augmente, moins il y a d'interactions et d'authenticité, plus votre réunion est** *top-down***.**

Les comités de direction réunissent rarement plus de dix personnes. Dans un jeu de rôle où quelqu'un fait une présentation ou un exposé, il est possible de mettre en présence, au titre de prétextes, une grande variété de rôles qui vont mettre en difficulté l'orateur. Cette dernière technique permet de préparer des responsables à des situations stratégiques. Nous entendons ici par « stratégique » une situation où se joue quelque chose de décisif pour l'entreprise et l'acteur qui la représente, par exemple la réponse orale à un appel d'offres, la présentation professionnelle de soi à des clients, la présentation d'un nouveau produit.

Pour ce qui est des fonctions, c'est-à-dire de l'utilité collective, on peut distinguer la fonction de management ou de direction, qui donne lieu à des entretiens ou des réunions entre managers et managés ; la fonction de négociation ou de partage entre des managers de même niveau hiérarchique ; la fonction de communication ou d'échange d'informations ; la fonction de recrutement, la fonction de vente de produits ou de services, qu'on appelle aussi négociation quand l'ingénieur commercial a la liberté d'agir sur la définition du produit et son cahier des charges, et qu'il ne se contente pas de le prendre sur l'étagère pour le distribuer.

Le jeu de rôle ne doit pas être confondu avec trois autres techniques, dont les deux dernières ne relèvent pas de la pédagogie : l'étude de cas, le psychodrame et les jeux de rôle à visée ludique.

## L'étude de cas

L'étude de cas a été inventée, selon la tradition pédagogique, par la Business School de Harvard vers 1914 aux États-Unis. C'est un matériau pédagogique assez élaboré dans les détails, qui prend la forme d'un scénario destiné à entraîner une personne ou un groupe à la résolution de problèmes et à la prise de décision. L'étude de cas inclut un diagnostic de la situation et une recherche de la meilleure solution. Elle sollicite des mécanismes plus cognitifs qu'affectifs.

Dans certains jeux d'entreprise, les participants occupent un rôle qui fait partie des règles du jeu, mais ils n'ont pas à le jouer. Il s'agit donc plutôt d'une position que d'un rôle au sens mondain ou théâtral. Plus que l'affectivité et la sensibilité aux autres et à l'environnement, ces jeux sollicitent le raisonnement et l'expérience humaine des participants ; ils n'ont pas pour but de faire intérioriser un rôle, mais de faire interagir collectivement des personnes en une sorte de huis clos provisoire et finalisé. Le fameux Jeu de la Nasa se passe sur la Lune. Son objectif interne consiste à ordonner une liste d'objets du plus indispensable au moins indispensable en fonction de la survie du groupe. Son objectif externe est de fournir du matériel verbal et une décision collective meilleure que chacune des décisions individuelles. Grâce à ce résultat, le formateur démontre qu'un groupe est plus performant qu'une personne en matière de résolution de problèmes.

L'origine de ces jeux remonterait à un Prussien du nom de von Reiswitz qui, en 1811, aurait mis au point une maquette et une règle du jeu de manière à simuler une bataille. Reprise par l'armée prussienne comme outil pédagogique d'entraînement à la guerre et à la formation des officiers, l'innovation se serait diffusée sous le nom de *kriegspiel* dans la plupart des écoles militaires. En réalité, l'étude de cas est une technique pédagogique ancienne. Au musée des Beaux-Arts de Lille, on voit seize plans-reliefs de villes fortifiées, fabriquées à la demande de Vauban sur le budget de Louvois pour entraîner les officiers à l'attaque ou à la défense des villes, et aussi pour vérifier à distance les devis des entreprises en cas de travaux. Plus d'un siècle auparavant, cette technique de la maquette était utilisée à l'Arsenal de Venise à des fins éducatives et stratégiques. Un jeu de rôle en tant que dispositif est une sorte de maquette.

## Le psychodrame

Inventé par J. L. Moreno en 1921 à Vienne en Autriche, le psychodrame est un genre de simulation qui n'est pas né dans le domaine de la pédagogie, mais dans celui du théâtre et de la thérapie. Si le jeu de rôle a pour objet les relations sociales et professionnelles ordinaires, le psychodrame, lui, a pour objet le sujet lui-même dans son histoire personnelle. Le mot est passé dans le vocabulaire courant pour désigner toute scène déchirante entre des personnes censées s'aimer ou du moins collaborer harmonieusement : une scène de ménage est un psychodrame au sens populaire. Rejouer cette scène avec ou sans le même partenaire, en présence d'un psychanalyste formé à cette technique, est un psychodrame au sens savant. Dans tout jeu de rôle, le sujet est censé atteindre un objectif au sens managérial du terme, sous la forme « être capable de ». Dans le psychodrame, les sujets sont censés prendre conscience du nœud analytique ou scénarique dont ils sont prisonniers, identifier des alternatives moins dramatiques et trouver un certain degré de confort intérieur.

## Les jeux de rôle sans visée pédagogique explicite

Dans un jeu comme le Monopoly, les joueurs occupent un rôle, mais la règle du jeu ne leur demande pas de le jouer. C'est le cas en revanche d'un certain nombre de jeux de société, appelés aussi jeux de rôle. Le plus célèbre, *Donjons et Dragons*, créé en 1974 par Gary Gygax et Dave Arneson, est inspiré de l'œuvre de J. R. Tolkien. Ces jeux se trouvent maintenant sur des consoles vidéo ou bien sur Internet. Qu'il s'agisse de relever un défi ou d'entrer en compétition pour gagner, leur but est le plaisir. Le plus joué au monde est *World of WarCraft*.

**Tous les jeux ont en commun de procurer du plaisir en accroissant la capacité à surmonter des obstacles et à faire face aux difficultés.** Depuis Roger Caillois (*Jeux et sports*, Encyclopédie de La Pléiade), on distingue quatre types de jeux : les jeux de compétition, les jeux de hasard, les jeux de vertige et les jeux de simulacre, d'imitation ou d'illusion dans lesquels se rangent les jeux de rôle, objets de ce livre.

# *Réussir un séminaire quel que soit l'objet : collecter les attentes pour optimiser vos jeux de rôle*

Pour s'adresser efficacement à un groupe en formation, il est nécessaire de connaître ses attentes, ne serait-ce que pour les rectifier si elles sont déviantes eu égard à l'offre ; c'est d'autant plus recommandé que de nombreux participants ne reçoivent pas de convocations qui incluent le programme. Cette tâche, qui revient au formateur juste après les présentations, consiste à collecter les attentes des participants avant la première pause en leur posant la question suivante, à la cantonade, c'est-à-dire de manière non nominale : « Maintenant que vous connaissez les objectifs, les thèmes et le déroulement du séminaire, qu'en attendez-vous personnellement ? Quelles sont vos attentes ? » Si le silence lui paraît long, le formateur peut ajouter : « Ou, autrement dit, à quelles conditions seriez-vous satisfaits d'avoir assisté à ce séminaire ? »

Quels sont les avantages de cette collecte des attentes pour le formateur et pour les participants ? Elle remplit plusieurs fonctions : évaluation des participants, régulation, constitution de groupe, gestion du temps, évaluation du participant par rapport au groupe, optimisation des jeux de rôle, adaptation des exposés, augmentation du confort. En effet, le formateur peut ainsi choisir dans son stock les jeux de rôle les plus adaptés, et même en construire certains à partir des attentes formulées.

1. Pour le formateur, c'est une première évaluation des représentations des participants, de leurs préoccupations et de leur niveau de langage. Ainsi sait-il où il met les pieds. Il pilotera son message grâce à ces attentes. Cet exercice étalonne approximativement le niveau d'entrée ou les prérequis de fait ou de droit. Enfin, cela permet au formateur de mieux programmer ses prochains séminaires dans la mesure où la collection des attentes peut l'encourager à modifier son programme.

2. À partir du texte des attentes, le formateur peut proposer une sorte de contrat qui consistera à trouver le meilleur compromis possible entre la commande institutionnelle passée par le client, généralement absent (la hiérarchie, le comité de direction, etc.), et les attentes des participants, qui sont des consommateurs ; du point de vue du marché, le client est celui qui paie et celui qui paie n'est pas forcément celui qui consomme. Bref, c'est un exercice de régulation dont l'objet est de réduire les éventuelles contradictions entre le client et le consommateur.

3. Cet exercice constitue le groupe ; c'est un avantage pour le formateur dans la mesure où le groupe est un accélérateur d'apprentissage.

4. Cette connaissance des attentes permet au formateur de mieux gérer son temps, parce qu'il peut toujours mettre une question en *waiting list*. Il peut toujours traiter une question en fin de séquence s'il a pris de l'avance par rapport au déroulement prévu.

5. Pour les participants, c'est aussi une évaluation qui permet à chacun de se situer par rapport aux autres. Le participant, lui aussi, sait mieux où il met les pieds.

6. Cet exercice consiste à faire passer les participants de l'état de consommateurs d'un service à l'état de demandeurs ou de clients de ce même service. Bref, c'est un exercice de motivation pour susciter l'intérêt et mettre en appétit. Les participants sont assurés qu'au minimum ils obtiendront la réponse à leurs questions.

7. Cet exercice augmente le degré de confort en constituant le groupe, si on admet qu'un groupe se définit par deux caractéristiques : d'une part un minimum d'interconnaissance, et d'autre part un minimum de buts communs. Le taux de participation efficace est fonction de la cohésion positive du groupe.

Puis au fur et à mesure, et sans commentaires, sauf si l'attente est déviante, le formateur inscrit au tableau de papier les attentes telles que les participants les formulent eux-mêmes. Cette étape dure environ quinze minutes. À la fin de la collecte, le formateur doit passer un contrat technique et déontologique. Dans leur jargon, les formateurs appellent « frigo » ces deux ou trois pages de tableau de papier qui restent affichées tout au long du séminaire. À la fin du séminaire, le formateur vérifiera, avec les participants, qu'il a bien répondu à leurs préoccupations. Sinon, il clôt le séminaire par un exposé du type « conférence de presse ».

Il va sans dire (ou encore mieux en le lisant) que lors d'un séminaire de vente par jeux de rôle, les attentes porteront à la fois sur l'art de vendre et sur les services ou sur les produits ; que lors d'un séminaire de formation de formateurs à la vente par jeux de rôle, les attentes porteront sur la technique du jeu de rôle, sur la vente et les produits, et sur la formation de formateurs. Voici des attentes collectées dans plusieurs séminaires de formation de formateurs au jeu de rôle.

## Attentes pour une formation de formateurs à la technique du jeu de rôle

1. Comment exploiter un jeu de rôle ?
2. Combien de temps doit durer un jeu de rôle ?
3. Quelles consignes donner aux observateurs ?
4. Comment voir ce qui est important ?
5. Comment faire en sorte que l'évaluation soit acceptée ?
6. Comment évaluer ?
7. Les joueurs peuvent-ils garder leur texte durant le jeu ?
8. Les joueurs doivent-ils respecter le texte fourni par le formateur ?
9. Quelle différence y a-t-il entre un jeu de rôle et une simulation ?
10. Que faire si des joueurs ne veulent pas jouer ?
11. Comment faire en sorte que les observateurs apprennent aussi ?
12. Peut-on jouer contre son cœur ?

13. Quelle différence faire entre un jeu de rôle et une étude de cas ?
14. Y a-t-il plusieurs types de jeux de rôle ?
15. Comment distinguer un jeu de rôle et un psychodrame ?
16. Comment construire une grille d'observation ?
17. Comment monter un séminaire reposant sur des jeux de rôle ?
18. Que faire pour que le jeu de rôle ne tourne pas au psychodrame ?
19. Qui apprend le mieux des observateurs ou des joueurs ?
20. Peut-on intervertir les rôles de vendeur et de client ?
21. Y a-t-il des prérequis, et si oui, lesquels ?
22. À quel moment un joueur s'exprime-t-il à propos de son jeu ?
23. Quelles sont les règles du jeu propres au jeu de rôle ?
24. Peut-on imaginer une progression pédagogique entre jeux de rôle ?
25. Peut-on couper un jeu de rôle en petites étapes ?
26. Qu'est-ce qui peut être appris par jeu de rôle et qu'est-ce qui ne peut pas l'être ?
27. Comment légitimer les procédures de mise en place d'un jeu de rôle ?
28. Qu'est-ce qu'un jeu de rôle ?
29. Le formateur peut-il arrêter un jeu de rôle si ce qui se passe ne lui paraît pas conforme aux objectifs ?
30. Peut-on faire des jeux de rôle avec une équipe de travail, c'est-à-dire entre des personnes qui travaillent régulièrement ensemble ?
31. Que faire si, après un jeu de rôle, les observateurs ne font que des remarques plates et sans pertinence ?

## Attentes liées à l'entretien d'appréciation

On verra qu'il y a à la fois des attentes en matière d'organisation qui donnent lieu à des réponses orales, et des attentes qui donnent lieu à des jeux de rôle.

1. Dans quel ordre faut-il faire les entretiens ?
2. Comment s'exprimer clairement avec son responsable ?
3. Jusqu'où descend-on avec les entretiens ?
4. Comment N peut-il contrôler que N + 1 passe bien les messages à N + 2 ?
5. Pourquoi formaliser un entretien quand l'équipe communique bien ?
6. Quelles traces conserve-t-on de l'entretien ? Et qui les conserve ?
7. Faut-il fixer la hiérarchie et revoir les définitions de poste ?
8. Comment formuler des objectifs ? Y en a-t-il de plusieurs types ?
9. Comment préciser l'avenir du collaborateur quand on n'a aucune idée du sien ?
10. Quelle influence l'entretien a-t-il sur le salaire ? Et dans quelle proportion ?
11. Comment définir la marge d'autonomie dans le travail ?
12. Quelles sont les conséquences en cas de refus de l'entretien ?
13. Le mérite est-il inclus dans le système actuel des salaires ?
14. Comment mesurer le mérite ?
15. Quel doit être le degré d'honnêteté de l'entretien ?
16. Fréquence, durée et préparation de l'entretien ?
17. Que peut faire un N quand un N + 1 ne respecte pas les règles ?
18. Qui conduit l'entretien quand un N dépend de deux N + 1 ?
19. La totalité des objectifs d'une équipe est-elle identique aux objectifs du responsable ?

20. Quid de l'entretien pour les jeunes embauchés ?
21. Que faire quand un N + 1 ne peut pas répondre aux questions des N ?
22. Quelle est la bonne époque de l'année pour faire des entretiens ?
23. Y a-t-il des entretiens à trois ?
24. Comment récompenser ceux qui travaillent bien ?
25. Que dire de la mobilité professionnelle ?
26. Qu'est-ce qu'une carrière ? Comment l'entreprise la pense-t-elle ?
27. Que peut un N + 1 pour la carrière d'un N ?
28. Quelles sont les intentions de l'entreprise par rapport à l'entretien d'appréciation ?
29. Sur quoi est-on réellement jugé ?
30. Que faire en cas de difficulté pendant l'entretien ? Peut-on remonter plus haut ?
31. Quels sont les pouvoirs respectifs de N + 1, N + 2, N + 3, etc.
32. Comment peut-on juger objectivement ?
33. Y aura-t-il un formulaire d'entretien et un mode d'emploi ?
34. Faut-il signer le document d'appréciation ?
35. Doit-on classer nos N + 1 et eux leur N ?
36. Y a-t-il des secrets dans l'entretien ?
37. Que devient l'esprit d'équipe si on individualise les salaires et les objectifs ?
38. Comment réprimander ?
39. Comment féliciter ?
40. Peut-on refuser l'entretien ?
41. Peut-on récompenser quelqu'un quand l'entreprise perd de l'argent ?

# 3

# Comment animer un jeu de rôle ?

## *Procédure d'animation d'un jeu de rôle*

Animer un jeu de rôle, c'est animer un dispositif d'environ vingt minutes et qui, sans effet de lassitude, peut se répéter trois fois dans l'heure. **Mieux vaut, à notre avis, multiplier les jeux de rôle et pointer ou faire pointer deux ou trois points clés à chaque fois, de manière à ce que tous les participants passent plusieurs fois durant le séminaire pour s'essayer eux-mêmes, plutôt que de se livrer à de fines et pertinentes analyses qui consomment du temps.** La mise en place de ce dispositif est l'affaire du premier jeu de rôle. Pour chaque jeu de rôle, distinguons trois phases : avant, pendant et après.

### Avant

C'est la mise en place du jeu de rôle par la préparation des joueurs et des observateurs. Cette phase dure de cinq à dix minutes. Voici comment les choses doivent se dérouler, s'il s'agit d'un jeu de rôle d'entretien à deux joueurs :

Deux participants sont volontaires ou sont désignés par tirage au sort. Le formateur remet à chacun d'eux le document « analysé » ou

« prétexte » qui lui revient. Ils sortent alors de la salle pour préparer séparément leur rôle durant cinq à dix minutes ; pendant ce temps, le formateur prépare les membres du groupe de manière à en faire des observateurs rigoureux.

Les joueurs, de leur côté, prennent connaissance de la situation décrite, identifient les enjeux et les conduites attendues ; ils imaginent des stratégies, anticipent celles de l'autre et calculent ce qu'il y a à gagner et à perdre dans chaque cas, exactement comme le feraient des joueurs de dames ou d'échecs. **Qu'obtenir de l'autre ?** En vue de quels effets à court et moyen terme, et en respectant quelles règles ? Comment, et à quel moment employer ses atouts ? Bref, entrant dans la peau de son personnage, chacun intériorise son rôle. Il est recommandé qu'avant de jouer, l'analysé écrive son objectif en quelques lignes.

## Variante pour les joueurs

Le formateur peut attribuer deux consultants à chaque joueur parmi les membres du groupe, ou seulement à l'analysé ; ces deux consultants aident le joueur à concevoir sa stratégie en analysant avec lui toutes les données de la situation.

Seul avec le groupe, le formateur explique la situation en lisant les deux textes et en prenant soin de distinguer le rôle de l'analysé du rôle du prétexte. Le formateur doit agir de telle sorte que chaque observateur se fasse une représentation très claire de la situation et de ses enjeux. Il explique ce qu'il importe plus particulièrement d'observer selon l'objectif du séminaire, et selon l'expérience qu'il a du jeu de rôle considéré. Il peut distribuer à tous les observateurs les documents remis aux joueurs et, selon les cas, des grilles d'observation. Il répond aux questions et rappelle les règles d'observation : ni commentaires, ni mimiques positives ou négatives durant le jeu. Le formateur pourra aussi laisser un temps de réflexion permettant à chaque observateur d'imaginer comment il se comporterait dans la même situation. Plus la préparation est soignée, plus l'évaluation est profitable. Le formateur va chercher le joueur qui, dans la situation, est censé recevoir dans son bureau. L'autre n'entrera qu'ensuite, en frappant à la porte, exactement comme il le ferait dans la réalité.

## Variante 1 pour les observateurs

Le formateur peut spécialiser l'observation en instituant des sous-groupes de deux : par exemple, certains observeront plutôt les comportements non verbaux ; d'autres plutôt la qualité de l'argumentation ; d'autres encore plutôt les relations de pouvoir ; d'autres les modalités de prise de décision, etc.

Si un jeu de rôle de vente inclut des aspects techniques, le formateur peut spécialiser les observateurs relativement à la connaissance d'un produit. Dans ce cas, il conviendra qu'il expose à chaque sous-groupe ce qu'il entend par non verbal, argumentation, pouvoir, manipulation, etc. Il distribuera, s'il le faut, des grilles d'observation spécifiques.

## Variante 2 pour les observateurs

Il peut être intéressant de ne pas sélectionner l'attention des observateurs pour leur en montrer l'intérêt par différence avec le jeu de rôle suivant qui sera, lui, préparé. Assister à un jeu de rôle sans avoir connaissance de la situation oblige chaque observateur à élaborer lui-même les données de la situation en *live*, comme on le fait dans une brasserie, quand on écoute ses voisins parler.

## Pendant

C'est le déroulement du jeu de rôle proprement dit, qui dure de cinq à dix minutes. Chaque acteur entre tour à tour en scène, selon son rôle. Les scénarios doivent nettement indiquer qui commence à parler et donc qui reçoit à la demande de qui. Un client peut venir voir un vendeur, mais le vendeur peut aussi venir voir un client. De même un collaborateur peut être convoqué par son responsable hiérarchique ou au contraire peut demander à le rencontrer. Les observateurs prennent des notes pour nourrir l'évaluation qui leur sera demandée. Le formateur observe comme les autres. Si le jeu de rôle est enregistré au magnétoscope, il doit identifier exactement, en regardant les chiffres de déroulement sur le compteur, quelle partie du jeu il sera pertinent de projeter ensuite à l'ensemble du groupe.

Le jeu de rôle s'arrête de lui-même lorsque les joueurs sont arrivés à une conclusion, même partielle. Le formateur peut décider d'arrêter un jeu de rôle s'il lui semble que les protagonistes ont produit suffisamment de matériel verbal pour que l'évaluation soit profitable ou si les protagonistes tournent en rond. Le formateur applaudit et fait applaudir les joueurs après chaque jeu de rôle.

## Après

C'est la phase d'évaluation qui dure de dix à vingt minutes. Conduite par le formateur, elle doit tendre vers une interprétation collective favorable à l'apprentissage recherché. Le formateur interviendra à deux niveaux, comme régulateur du groupe et comme responsable de son apprentissage. Durant toute cette phase, il est recommandé de garder les deux acteurs à leur place, en scène, pour deux raisons ; d'une part, pour signifier que c'est leur rôle qui est évalué plutôt que leur personne, c'est un jeu ; d'autre part, parce que cette disposition favorise l'écoute du groupe et la distribution de la parole.

Trois parties sont censées prendre la parole dans l'ordre suivant : les observateurs, les joueurs et le formateur. Cet ordre influe directement sur la qualité de l'apprentissage : l'évaluation du formateur ne doit pas conditionner celle des observateurs ; celle des joueurs ne doit pas non plus conditionner celle des observateurs. C'est, au contraire, l'évaluation des observateurs qui doit conditionner celle des joueurs.

Pendant que les observateurs préparent silencieusement leurs commentaires, il est recommandé d'encourager chacun des joueurs à réfléchir à sa performance, éventuellement à l'aide d'une grille d'analyse appropriée ; encore une fois, il ne convient pas que les joueurs parlent les premiers, parce que, dans ce cas, l'analysé ne fera que se justifier et deviendra imperméable à ce que lui diront les observateurs. Dès qu'une évaluation se transforme en discussion argumentée entre observateurs et joueurs, le formateur doit intervenir pour redonner la première place à l'évaluation dite formative. Qu'est-il utile de mettre en évidence dans la façon dont ce jeu de rôle a été joué ?

Les observateurs, sous le contrôle du formateur, expriment, en tour de table, ou en fonction de leur demande de prise de parole, leur point de vue sur la façon dont les joueurs, et principalement l'analysé, se sont sortis de la situation. Pendant ce temps, **les joueurs, qui sont restés à la place où ils ont joué, écoutent en silence** les commentaires qui sont faits sans jamais intervenir. S'il y a un besoin de régulation, par exemple par rapport à l'objectif recherché, le formateur intervient durant ou après le tour de table. Il est, dans certains cas, important qu'il évalue l'évaluation des observateurs de manière à situer la barre au bon niveau. Les joueurs auront normalement tendance à intervenir durant l'évaluation, surtout si des questions leur sont posées par les observateurs. Il est primordial que le formateur fasse en sorte qu'ils respectent le silence, même si ce qui est dit est injuste ou inapproprié. **L'un des enjeux de cet apprentissage est que les joueurs soient confrontés aux effets qu'ils ont produits, chacun sur l'autre et sur le groupe, et ne cherchent pas à fuir dans les intentions qu'ils avaient.**

S'il s'agit d'un jeu de rôle de réunion, le formateur agira ainsi : le formateur de la réunion, c'est-à-dire celui qui est censé l'avoir provoquée et celui sur qui pèse directement la sanction positive ou

## Variante pour les observateurs

Il y a une procédure d'évaluation qui consiste à former des sous-groupes de trois observateurs, à leur demander de réfléchir pendant dix minutes, puis à récolter l'évaluation du rapporteur de chaque sous-groupe.

Les joueurs commentent leur jeu et expriment leurs sentiments. L'analysé s'exprime le premier en déclarant l'objectif qu'il s'était donné et, si cela a été prévu, il lit ce qu'il avait écrit avant de jouer. Le formateur intervient si le commentaire des joueurs n'est qu'une défense à l'égard des commentaires des observateurs. Pour lever une incertitude, le formateur peut interroger l'un des protagonistes dans le rôle pour savoir si, par exemple, le vendeur n'a pas vendu par manque de savoir-faire ou si l'acheteur avait préalablement décidé qu'il n'achèterait en aucun cas.

Le formateur évalue les évaluations, puis fournit sa propre évaluation et propose une conclusion qui consiste à généraliser les enseignements tirés du jeu de rôle. C'est l'occasion de faire des exposés brefs articulés sur ce qui vient d'avoir lieu.

négative de sa relative efficacité, doit se préparer seul. Le formateur peut préparer les participants au jeu de rôle de réunion en présence des observateurs. En revanche, il préparera les observateurs de la réunion en l'absence des participants à la réunion. Il est d'autant plus utile de spécialiser l'observation des observateurs que le nombre de joueurs augmente.

L'évaluation est le moment le plus important du dispositif, c'est là que culmine l'efficacité de l'apprentissage. Grâce aux analyses que proposent les observateurs, tous les participants, et bien entendu les joueurs au premier chef, ont l'occasion d'approfondir la signification relationnelle et organisationnelle des conduites de tous les jours. L'observation et la discussion des analyses sont des occasions privilégiées d'introspection. Car la connaissance des autres nous renvoie immédiatement à la connaissance de nous-même, universelle et particulière. Ce moment demande au formateur de mobiliser de la rigueur et de la bienveillance. Ce n'est pas un hasard si, parmi les questions les plus fréquemment posées sur le jeu de rôle, la plupart concernent directement l'évaluation.

« Évaluation » ? Est-ce le mot le plus pertinent pour désigner cette troisième phase ? Ne vaudrait-il pas mieux parler d'« analyse » ou d'« exploitation » ? Que s'agit-il précisément d'évaluer ? Au nom de quoi évaluer et pourquoi ? Quels sont les phénomènes de groupe qui peuvent avoir lieu durant l'évaluation ? Autant de questions auxquelles nous avons réservé un développement particulier dans le chapitre : comment évaluer un jeu de rôle ?

## Une meilleure procédure d'animation du jeu de rôle : le coaching de l'analysé

Si l'on procède de la manière décrite précédemment, que risque-t-il de se passer ? Que neuf fois sur dix, l'analysé échoue. L'évaluation permettra de mettre en évidence ce qu'il aurait fallu qu'il fasse et qu'il n'a pas fait. Par exemple, pour reprendre notre second cas du chapitre précédent, qu'il aurait mieux valu pour le manager commercial convoquer le commercial pour lui signifier le refus du dépassement de sa note de frais, plutôt que de laisser passer. Bref, la manière traditionnelle d'animer les jeux de rôle sert à illustrer ce qu'il ne faut pas faire, mais elle est inopérante parce que négative du point de vue de l'apprentissage, inefficace quant à l'incorporation des nouveaux comportements souhaités. La manière traditionnelle peut faire l'objet du premier jeu de rôle parce qu'elle permet et d'illustrer et de se mettre d'accord sur un référentiel, une manière souhaitée de faire. Mais elle ne peut pas être la seule manière d'un séminaire. Le formateur est là pour aider les participants à réussir et pas seulement pour organiser un spectacle pour voyeurs. Les personnes apprennent en faisant bien, non en comprenant en quoi elles font mal. La plupart des personnes savent qu'elles ne savent pas faire. Si elles ne changent pas, c'est principalement parce qu'elles ne savent pas comment mieux faire. À l'échelle individuelle, la trouvaille sociologique de la « résistance au changement » est une méconnaissance du souhait intérieur des personnes de progresser pour augmenter leur autonomie. Il y a deux manières de cocher les analysés :

❖ **Le coaching individuel.** La technique est simple. Au lieu de sensibiliser les participants à ce qu'ils vont voir, le formateur prend le même temps pour coacher l'analysé à part le groupe.

❖ **Le coaching en groupe.** Transformer les jeux de rôle en études de cas. Au lieu de coacher les analysés les uns après les autres, le formateur distribue trois ou quatre jeux de rôle complets (documents analysés et prétextes) à tous les participants. L'analyse de chaque jeu est faite en commun et, en commun toujours, est énoncé ce que doit faire chaque analysé pour être en conformité avec le référentiel pertinent. Cela signifie que les jeux de rôle deviennent des études de cas pendant vingt minutes. Ensuite, on passe aux jeux de rôle proprement dits. Du coup, ce qui sera analysé sera l'effort du joueur pour bien faire. C'est là que résident les progrès. Trop de formateurs ne se « mouillent » jamais et se font une belle réputation aux dépens des participants qui se rendent compte évidemment qu'ils n'ont pas réussi.

Ces procédures de préparation aux jeux de rôle augmentent considérablement les chances de succès des participants et la productivité de l'apprentissage.


## Des règles du jeu

Il n'y a pas de jeu sans règles du jeu. Ces règles du jeu sont d'ailleurs ce qui distingue le jeu du jouet. Il y a une déontologie propre à l'activité d'éducation, si l'on entend par déontologie l'énoncé des devoirs spécifiques à un métier. Le but d'une déontologie consiste généralement à déterminer l'enveloppe des contrats à venir et précisément à assurer la protection du client et/ou du consommateur vis-à-vis du fournisseur ; protection contre toutes les formes d'abus de pouvoir. En formation, il s'agit de protéger chaque participant contre la perversité éventuelle des autres participants et d'abord contre celle du formateur lui-même qui, comme toute personne en situation de pouvoir, est tenté d'en abuser. Les activités d'éducation ont ceci de paradoxal qu'elles supposent la dépendance de l'éduqué vis-à-vis de l'éducateur, lequel est censé se servir de cette dépendance pour mener l'éduqué à un certain degré d'autonomie. Vrai paradoxe, fausse contradiction.

Mais de même que le médecin qui reçoit un patient ne commence pas par lui réciter le serment d'Hippocrate, de même le formateur ne commence pas son séminaire en assommant les participants de ses propres scrupules moraux. D'ailleurs, agissant ainsi, il ne ferait qu'induire une légitime méfiance à l'égard de sa personne. On remarque en l'occurrence que, par un mécanisme de défense bien connu, les formateurs qui se gargarisent le plus d'éthique sont ceux qui la trahissent le plus volontiers. « C'est celui qui le dit qui l'est », disait-on à l'école par une profonde prescience des relations.

Dans cette affaire comme dans d'autres, faire inspire davantage confiance que discourir sur ce que l'on va faire. Comme le manager, le formateur doit pratiquer deux attitudes : la bienveillance et la rigueur. La bienveillance consiste à vouloir le bien des personnes dont on a provisoirement la charge. La rigueur consiste à ne pas dire oui, quand, en toute conscience, il faut dire non.

## *Les compétences du formateur*

Listons les compétences pour qu'un formateur puisse animer un séminaire par jeux de rôle en les répartissant en deux catégories : d'une part les compétences générales requises pour animer ce genre de séminaire ; d'autre part les compétences spécifiques à l'animation de jeux de rôle.

## Compétences générales

Un formateur doit être capable :
- de débuter un séminaire en faisant faire des présentations courtes ;
- de collecter et traiter plus tard les attentes des participants ;
- d'établir un contrat, meilleur compromis possible entre les attentes des participants et la commande institutionnelle ;
- de faire participer les participants grâce à des tours de table efficaces et courts ;
- de répondre aux questions des participants ;
- d'évaluer l'apprentissage des participants ;
- d'utiliser un matériel audiovisuel et d'exploiter les enregistrements ;
- de respecter des règles et de les faire respecter ;
- de gérer le temps en fonction des objectifs de formation et du temps imparti ;
- de faire des exposés pertinents et brefs ainsi que des synthèses partielles ;
- de co-animer sans esprit de rivalité.

## Compétences spécifiques à l'animation de jeux de rôle

Un formateur doit être capable de mettre en place un dispositif de jeux de rôle, c'est-à-dire qu'il doit être capable :
- d'exposer brièvement la technique du jeu de rôle après les présentations ;
- de préparer le groupe à la technique du jeu de rôle ;
- de présenter un référentiel qui servira de base d'évaluation, le faire discuter et y faire adhérer les participants ;
- d'énumérer et de légitimer les règles du jeu ;
- de faire en sorte que des participants soient volontaires en début de séminaire ;
- de disposer la salle de formation en aire de jeu ;
- de préparer les protagonistes de chaque jeu de rôle ;

❖ de préparer à l'observation le reste du groupe ;
❖ de faire évaluer la performance des protagonistes d'un jeu de rôle de manière collective et de l'évaluer lui-même ;
❖ de coacher les joueurs avant un jeu de rôle.

Tout ce que nous venons d'aborder ici doit faire partie des capacités des formateurs et s'apprend par exemple lors d'un séminaire de formation de formateurs à l'utilisation des jeux de rôle. Une fois que le formateur est rodé, ses facultés d'anticipation des situations de formation sont doublées, la productivité du formateur est doublée et le temps gagné doit être mis au service de la progression des participants. Finies la préparation des observateurs, les variantes et les précautions. Que le formateur vise à entraîner tous les participants au maximum de situations difficiles. Conseillez aux analysés de déclarer la bonne phrase à la seconde réplique. Tout le reste, c'est noyer le poisson. Le jeu de rôle est un exercice de rapidité dans l'intelligence des situations et dans la manœuvre, ce que l'on appelle proprement la *tactique*. Un séminaire doit aux participants d'être sportif.

# Le déroulement d'un séminaire de formation par jeux de rôle

Posez-vous la question de l'animation d'un séminaire de jeux de rôle, indépendamment de son objet : vente, entretien annuel, négociation, etc. **Pour qu'un participant apprenne, il faut qu'il passe au moins trois fois en jeu de rôle.** Moins de trois fois, il aura sans doute compris la situation souhaitée, mais il ne sera pas capable de la mettre en œuvre dans son travail. Si votre séminaire se déroule sur deux jours avec un groupe de huit à dix personnes, vous devez pratiquer un type d'animation tel que :

❖ huit personnes passent au moins trois fois en deux jours ;
❖ chaque jeu de rôle soit un enseignement pour les spectateurs quand il est un apprentissage pour l'analysé ;
❖ huit personnes puissent pratiquer le même jeu de rôle si vous identifiez des points clés dans l'apprentissage.

Imaginons par exemple un séminaire d'évaluation annuelle : vous pouvez demander à chaque participant de préparer et jouer, devant une caméra, les deux premières et les deux dernières minutes d'un entretien.

Imaginons un séminaire de présentations. Présentations d'un produit, de son service, de ses clients, présentation professionnelle de soi-même ou de son entreprise, etc. Vous pouvez sur un même thème demander à chaque participant de présenter quelque chose (de professionnel) et qu'il est censé connaître en cinq minutes. En moins d'une heure, vous pouvez enregistrer huit prestations au magnétoscope et les évaluer. Comparer huit styles différents sur un même thème est plein d'enseignements.

# Co-animer : quatre cas, huit règles

Dans le champ des relations humaines et notamment quand la technique du jeu de rôle est utilisée, il arrive que le même séminaire soit co-animé par deux formateurs. Distinguons quatre cas.

## Quatre cas

1. Il arrive qu'un formateur extérieur co-anime avec un expert de l'entreprise quand les jeux de rôle doivent être l'objet d'une double évaluation, de la qualité et de l'efficacité de la relation d'une part, et d'autre part de la pertinence d'une argumentation technique très spécifique ou de la connaissance d'un produit ; l'expert occupe alors une fonction de valideur eu égard aux savoirs mis en œuvre. Exemples : formation de formateurs au coaching de chefs de projets informatiques ; formation à la vente de produits financiers.

2. L'un des co-formateurs est moins expérimenté que son collègue ; c'est le cas de la relation d'un apprenti à un compagnon ; cette relation doit rester discrète et ne pas être dévoilée aux participants, ce qui est une simple affaire de règles du jeu interne ; cette situation peut se produire entre un formateur interne et un consultant extérieur.

3. Deux formateurs internes animent avec les personnes de leur entreprise et ne bénéficient donc pas des avantages d'extériorité du consultant qui ne fait pas partie de la maison ; comme ils sont *a priori* moins crédibles (on est moins prophète en son pays), ils doublent par leur présence l'énergie disponible.

4. L'entreprise, pour des raisons d'urgence, compose des promotions d'une vingtaine de personnes par séminaire, notamment pour les séminaires d'intégration de nouveaux embauchés. Dans ce cas, le séminaire se déroule par alternance de groupes pléniers d'une vingtaine et de sous-groupes d'une dizaine.

## Huit règles

La co-animation est un art difficile ; c'est pourquoi nous proposons huit règles.

1. Avant l'ouverture du séminaire, les co-formateurs se seront entendus sur le contenu, sur le déroulement de chacune des phases du programme de formation et sur la répartition de toutes les séquences « qui fait quoi ? » ; et cela dans un souci d'égalité de temps de parole et de difficulté. Il n'y a pas de duo.

2. Le binôme des formateurs se présente ensemble devant les participants sur un pied d'égalité, avec le même statut de formateur (éventuellement, A présente B et *vice-versa*). Les co-formateurs commencent et terminent ensemble éventuellement chaque journée du séminaire, mais impérativement le début et la fin du séminaire.

3. Ils peuvent déjeuner ensemble, hors du groupe, pour se reposer, faire le point et se réguler. Ils en informent les participants dès l'ouverture ; ils présentent cela comme une règle de travail afin que ce ne soit pas interprété comme une affectation de leur part. Normal que les participants désirent déjeuner avec les formateurs : depuis vingt ans, les formateurs les ont habitués à ce rite. Dans la réalité, les participants se passent plus facilement des formateurs que ces derniers des participants.

4. Quand un co-formateur anime, l'autre écoute, supervise silencieusement, prend des notes, mais n'intervient pas et surtout ne

coupe jamais la parole au co-formateur du moment ; il n'intervient que si une demande explicite lui est faite ; celui qui parle peut donc donner la parole à celui qui se tait, par exemple pour être tiré d'un mauvais pas. Éventuellement, le silencieux se met au service de son collègue en préparant l'ordinateur, en faisant des photocopies, etc.

5. En aucune façon un membre du binôme ne doit rivaliser pour briller aux dépens de l'autre et s'attirer ainsi les faveurs du groupe. Ce comportement mettrait le groupe dans une situation d'inconfort psychologique, et au bout du compte tout le monde y perdrait.

6. En cas de différend entre co-formateurs, les difficultés doivent être résolues en un lieu extérieur au groupe. C'est à celui qui identifie le différend et en éprouve les difficultés d'initier une confrontation, ce n'est pas à l'autre de deviner.

7. Dans les entreprises, il est souhaitable que les co-formateurs internes puissent, dans la mesure du possible, se choisir. Il s'opposerait à l'efficacité de l'apprentissage et donc à la productivité de la formation, que la constitution des couples de co-formateurs n'obéisse qu'à des contraintes de plan de charge.

8. Les formateurs peuvent ne pas respecter les sept règles précédentes, à condition d'en inventer une huitième qui les amènent à faire mieux et avec autant de confort que s'ils avaient respecté les précédentes conditions.

Co-animez avec votre client. Que votre client soit directeur général, directeur des ressources humaines, directeur commercial, responsable de formation, etc., invitez-le à co-animer avec vous. C'est bon pour vous, c'est bon pour lui. Il risque de vous opposer : « Mais, si je suis présent, ils ne diront pas ce qu'ils pensent ! » Prenez le risque de lui répondre : « S'ils ne disent ce qu'ils pensent qu'en votre absence, c'est dommage pour vous. » Faites en sorte que les participants s'expriment devant lui et avec lui ; et, dans ce cas, coachez votre client, avant le séminaire.

# 4

# Comment évaluer un jeu de rôle ?

Le problème du jeu de rôle, c'est le problème d'un groupe en apprentissage vers de nouvelles normes, auxquelles il est censé adhérer et qu'il doit intérioriser afin d'adopter de nouvelles conduites ; apprentissage dont les modalités génèrent des situations pirandelliennes de mise en abîme et de clair-obscur. Pour les nouveaux embauchés, le jeu de rôle présente toutes les caractéristiques archaïques d'un rite d'initiation durant lequel il s'agit de faire ses preuves et de subir une épreuve. Pour les autres, il y a aussi initiation, puisqu'il s'agit par ce moyen d'accéder à un nouveau métier ou à de nouvelles responsabilités. Comment qualifier cette situation, exceptionnelle et inespérée, qui, sur un fond de routine bureaucratique, révèle des énergies insoupçonnables qui surprennent les sujets eux-mêmes ?

C'est la rencontre de l'émotion et de l'apprentissage, l'obligation de se confronter en public à ses propres performances et à celles des autres dans la simultanéité du regard des autres et du regard sur soi. C'est un mélange d'introspection sous contrôle et de voyeurisme autorisé, une injonction d'exercer du pouvoir en vue de disséquer et de constater sur scène et sur soi les effets du pouvoir de l'autre, tout en se reconnaissant acteur dans la mise en scène du corps et de ses émotions. C'est l'ambiguïté entretenue du rôle et de la personnalité, la conjonction de l'exposition aux autres et de l'exposition à soi-même dans le dédoublement du théâtre. C'est, en vue d'un passage à l'action réussi, la mise en évidence des mécanismes de défense des autres qu'on reconnaît aussi pour siens, la juxtaposition de la critique des autres par soi-même et de la critique de soi-même par soi-même et par les autres, dans le grossissement, par un miroir tendu, des gestes quotidiens.

C'est à propos de cela qu'il y a évaluation, si l'on entend par évaluation un processus réglé durant lequel observateurs, joueurs et formateur échangent sur ce qui a été mis en scène et sur ce qu'il aurait fallu mettre en scène. L'évaluation est la troisième phase du déroulement d'un jeu de rôle. Ce processus soulève des interrogations comme : pourquoi évaluer ? Au nom de quoi évaluer ? Évaluer quoi ? Le terme d'« évaluation » est-il plus ou moins pertinent que les termes d'« analyse » et d'« exploitation » ? Quelles sont les principales difficultés qui peuvent enrayer ce processus ? L'intérêt de l'évaluation est fonction de la qualité et de la quantité des termes de référence que se donnent le groupe et le formateur.

## Pourquoi évaluer ?

Quels sont les effets recherchés et attendus de l'évaluation ? C'est la clé du dispositif parce que c'est le moment où s'interpose une loi entre soi et soi, entre soi et les autres. Plus précisément, l'évaluation :

- contribue à centrer l'attention des personnes sur les résultats obtenus, sur les moyens utilisés et sur la stratégie et la tactique adoptées ;
- concourt à donner à la formation un caractère individualisé qui favorise une démarche d'autoformation ;
- permet de renseigner l'apprenant sur son niveau de maîtrise d'une situation grâce aux informations que lui renvoient les autres participants et le formateur ;

* offre au participant l'occasion de situer son propre niveau par rapport à celui des autres dans des circonstances déterminées ;
* favorise l'identification et l'expérimentation de conduites nouvelles et plus efficaces, ainsi que l'intériorisation de nouvelles normes ;
* fait découvrir d'autres arguments que les siens et de nouvelles façons de les présenter ;
* invite à corriger et à améliorer les stratégies, en permettant au stagiaire de disposer grâce aux observateurs d'une sorte de bilan, qui soit le plus objectif possible, de la manière dont il « passe », est vécu par autrui dans une situation donnée ;
* permet d'apprendre sur soi et ce sur quoi il convient de faire porter les efforts.

## Au nom de quoi évaluer ?

Ce qui fonde la légitimité de l'évaluation, c'est d'une part le service qu'elle est supposée rendre à la personne qui en est l'objet dans le rôle et la situation où elle est mise avec son accord, et d'autre part le contrat passé entre le client institutionnel et le fournisseur qui est le formateur. Plus précisément, on évalue au nom :

* du projet d'entreprise ;
* de la culture de l'entreprise, c'est-à-dire des règles écrites et/ou tacites ;
* des règles de la courtoisie civile (respect, politesse, etc.) ;
* des objectifs de formation qui ont été fixés et/ou que les acteurs se sont fixés ;
* du référentiel partiel ou global de la qualification ou du métier visés par la formation, et dont l'acquisition est souhaitée par les participants, c'est-à-dire de connaissances et de leur mise en œuvre en vue d'un résultat précis et dans une situation humaine précise ;
* des divers consensus sociaux, organisationnels et fonctionnels, qui fondent les types de collaboration entre les hommes.

# Évaluer quoi ?

Tout ce qui est observable, et donc mis en scène, est évaluable, et principalement l'habileté à gérer une situation en fonction d'un certain nombre de critères, à condition de disposer d'un référentiel pertinent. Plus précisément, on évalue :

❖ la communication orale, la voix ;

❖ la communication et l'expression non verbale : les attitudes, les positions, les gestes, le regard et les comportements ;

❖ les argumentaires et les moyens dialectiques ;

❖ l'objectif que l'analysé s'est donné et la tactique qu'il a mise en œuvre ; l'objectif était-il pertinent ? La tactique était-elle cohérente ?

Bref, on évalue non seulement ce que l'on pourrait appeler des habiletés et l'intelligence des situations, mais surtout les résultats et l'élégance : politesse, respect, déontologie, moyens pour obtenir ces résultats. Avec la mondialisation et la pression que subissent les entreprises, il semble que l'élégance soit un souci moindre. Qu'on ne s'étonne pas alors de la moindre motivation des personnes et de leur sous-implication au travail.

# Des difficultés que le formateur peut rencontrer

Les éléments précédents n'épuisent pas les interrogations et surtout ne permettent pas de faire face adéquatement à certaines difficultés qui peuvent enrayer le processus, difficultés que nous identifions maintenant sous forme de questions.

## Pourquoi dire « évaluer » plutôt qu'« analyser » ou « exploiter » ?

De nombreux formateurs préfèrent dire « analyse » ou « exploitation » plutôt qu'« évaluation ». Le mot « évaluation » leur fait peur. Leurs peurs sont plus fortes que celles des participants qui ne se font aucune illusion sur le jeu du jeu de rôle. De nombreux salariés ont investi le métier de formateur en croyant échapper aux tâches d'évaluation, au moment même où, dans les années 1980, la réintroduction massive de l'entretien d'appréciation dans les entreprises se présentait comme un retour au principe de réalité. Sans évaluation, il n'y a pas de progrès possible. Un doigt n'est-il pas bien petit pour cacher une grande personne ? Nous préférons « évaluation » parce que l'analyse et l'exploitation ne sont que des moments de l'évaluation. **En fin de compte, il y a toujours ce qu'il faut faire, ce qu'il ne faut pas faire et ce qu'il est loisible de faire sous conditions.**

Si *évaluer*, selon Le Robert, c'est porter un jugement, apprécier, estimer, calculer, expertiser, constatons que nous jugeons toute la journée ; de la couleur de notre cravate à la beauté de la personne que nous croisons dans la rue, en passant par le plat que nous choisissons sur la carte du restaurant. Tous nos goûts, toutes nos préférences sont des jugements. Le vendeur est jugé par le client qui le lui rend bien ; le managé est jugé par le manager qui le lui rend bien ; le professeur par l'élève qui le lui rend bien, etc.

Le problème n'est donc pas de savoir s'il faut évaluer ou non, puisque nous le faisons, mais de se demander à quelles conditions une évaluation est à la fois fondée et recevable. **Disons que dans l'évaluation, la première règle est de ne pas nuire et la seconde est d'être utile.**

Dans l'expérience commune, il y a, de fait, **cinq manières d'évaluer.** On peut dire de quelqu'un :

- que ses performances sont plus ou moins bonnes par comparaison avec celles d'un groupe ;
- qu'il a fait mieux par comparaison avec une performance antérieure ;
- qu'il a fait plus ou moins bien par comparaison avec une norme édictée ;
- qu'il a fait de son mieux, compte tenu de l'énergie et de la bonne volonté mises en jeu ;
- qu'il a plus ou moins satisfait à ce qu'un individu ou un groupe attendaient de lui.

Ce qui varie dans ces cinq manières, c'est ce qui fait référence, c'est-à-dire le référentiel. Mais évaluer, c'est toujours comparer. Le formateur constatera de lui-même que, selon les jeux de rôle et les personnes, il changera de termes de référence, et probablement pour de bonnes raisons.

Il s'agit, dans le jeu de rôle, de comparer une performance, son objectif et les moyens employés, constatés par le groupe, à une performance projetée par l'analysé, puis de se demander si l'objectif et les moyens pour y parvenir étaient les plus pertinents et les moins coûteux, compte tenu de la situation. Cette évaluation suppose, bien sûr, une analyse, si l'on entend par *analyse* l'opération intellectuelle qui consiste à décomposer les éléments de la situation : analyse de l'objectif, de sa mise en œuvre et des effets sur l'autre joueur. Quant à l'*exploitation*, c'est l'action de tirer des enseignements généraux valables pour les joueurs et le groupe à partir d'un cas particulier ; l'exploitation donne l'occasion au formateur de faire des exposés brefs qui généraliseront le cas particulier au bénéfice d'autres cas particuliers.

Plus on se centre sur les tâches d'évaluation, plus il importe de développer deux attitudes, partiellement contradictoires, communes aux enseignants, aux parents, aux formateurs et aux managers : **rigueur et bienveillance**. La rigueur sans bienveillance amène à la perversité et la bienveillance sans rigueur amène au laxisme.

**Au bout de trois ou quatre jeux de rôle, le formateur peut déléguer tout ou partie de l'évaluation au groupe.** Il peut toujours intervenir en cas de dérapage. Cette technique a l'avantage de faire vérifier l'intériorisation du comportement adapté à la situation organisationnelle.

## Que faire si l'évaluation du groupe est pauvre ?

Qu'est-ce qu'une évaluation pauvre ? Une évaluation est pauvre quand les participants énoncent des platitudes, quand certains disent : « Je pense comme lui » ou : « Je ne vois pas ce que je peux dire maintenant que tout a été dit. » Une évaluation est pauvre quand rien n'est vu, ni distingué, quand le « on » prend la place du « je », quand ce qui est dit à propos d'une chose ou d'une situation vaudrait autant pour une autre chose et une autre situation, quand le groupe se solidarise par des mécanismes de défense collectifs, quand un participant cherche à excuser un participant qui a échoué, quand un participant dit : « Je connais mon collègue. Il est très bien dans la réalité, c'est le jeu de rôle qui fausse tout. », quand l'ennui tombe sur le groupe comme une chape de plomb. Une évaluation est pauvre quand le formateur ne fait pas son travail.

S'il se rend compte qu'il a mis la barre trop bas et s'il est capable de sursaut, le formateur peut alors choisir entre deux possibilités : faire un *brainstorming* de dix minutes au groupe pour lui permettre d'identifier des termes de référence et des critères d'évaluation qui sont dans l'expérience commune, et/ou introduire avant les jeux de rôle des grilles d'évaluation.

## Peut-on évaluer le rôle joué par une personne sans évaluer cette personne ?

Une anecdote fera comprendre notre point de vue. Lors d'un séminaire de management, un participant joue un jeu de rôle ; à la fin du tour de table, au lieu de s'exprimer, le formateur se tait, contrairement à l'usage. La performance est bonne, mais quelque chose le gêne et dont il hésite à prendre réellement conscience, sans doute, plutôt par confort personnel que par respect pour le participant. Il ne souhaite pas formuler sa réserve, en tout cas c'est ce qu'il se dit. Le formateur ne réussit pas, probablement exprès, à faire en sorte que son silence passe inaperçu et la question redoutée et probablement souhaitée, lui est posée par le joueur lui-même : « Mais pourquoi ne donnez-vous pas votre évaluation ? » Il répond qu'il n'a rien à dire, ce qui a pour effet de faire monter attention et tension. Puis, devant la gêne du joueur et sa propre maladresse, il avance que le joueur a bien joué son rôle, mais qu'une chose rend l'ensemble non crédible. « Votre coupe de cheveux vous dessert », ajoute-t-il.

En effet, le joueur est atteint d'une calvitie qu'il cherche vainement à masquer en rabattant quelques cheveux sur le devant ; ce qui paradoxalement accuse le manque. Comment croire en quelqu'un qui se cache ? Le joueur ne répond pas à son propos, le groupe marque une silencieuse réprobation. Un responsable, présent dans la salle, le tance durant la pause : « Vous êtes sauvage. » Le soir même, l'un des coauteurs de ce livre demande à l'autre s'il avait de l'antipathie pour ce participant : « Au contraire », répond le premier. Deux mois plus tard, constat est fait que le participant a changé de coiffure et qu'il se sent apparemment mieux dans sa peau.

On peut, bien sûr, évaluer le rôle joué par une personne sans évaluer cette personne ; mais cela veut dire en fait qu'on évalue l'usage que la personne fait de sa personnalité, ce qui est une autre façon d'évaluer la personne. Dans la vie, ne s'agit-il pas de mettre sa personnalité au service du rôle ? C'est ainsi qu'on développe sa personnalité, si développer sa personnalité, c'est faire en sorte que les mécanismes de défense ne nous barrent ni la connaissance de nous-mêmes, ni celle des autres, ni celle du monde qui nous entoure. Il y a des gens dont le projet est d'économiser leur sensibilité. Cette économie, qui vise à différer peine et jouissance, produit l'appauvrissement. Chacun le sait. Bref, **évaluer un comportement n'est pas évaluer une personne si l'on pense que les personnes n'utilisent dans leur vie qu'une partie infime de leurs capacités.** Si l'on ne pense pas ainsi, ce n'est pas la peine de faire partie du corps éducatif.

## Que faire si l'on sent que quelqu'un ne va pas supporter l'évaluation ?

Ça n'arrive pas. En revanche, il peut arriver qu'un participant demande à ne pas jouer un jeu de rôle. Dans ce cas, il faut faire passer tous les autres avant lui et s'assurer à la fin qu'il souhaite effectivement ne pas passer. La prudence se gagne toujours aux dépens de l'audace. Envoyons à l'adresse de ce participant ce que, dans *Cyrano de Bergerac*, Christian dit à Cyrano pour expliquer son inhabituel brio : « Bah ! On trouve des mots quand on monte à l'assaut ! » Ce cas ne se présente pas quand le formateur fait son travail.

## Comment évaluer si le référentiel n'est pas précis ?

Dans ce cas, il faut produire un référentiel ou le préciser, au début du stage, avec les participants. Les ouvrages de formation contiennent des référentiels, qu'il s'agisse de vente, de management, de communication, etc. La plupart de ces référentiels sont de bonne qualité et se valent, parce que les consultants se lisent, se copient et s'imitent les uns les autres. Le problème se complique en ceci que l'interprétation d'un même jeu de rôle peut donner lieu à plusieurs objectifs acceptables, en ceci également qu'il y a plusieurs manières d'atteindre l'objectif et que l'application du référentiel, quand il existe, laisse elle-même la place à plusieurs interprétations. C'est le point de vue du groupe qui doit là guider le formateur. Ces flous nécessitent que le formateur laisse le groupe s'exprimer le premier, parce que les interprétations fournies par le groupe donnent la direction, situent la barre et bornent le champ des possibles.

## Comment développer son esprit de finesse
## et ne pas tomber dans le psychodrame ?

Ce qui évite le psychodrame, au sens populaire – c'est-à-dire les déchirements –, c'est le cadre, comme toujours. Le fait qu'à tout moment le formateur peut reprendre la main quand il estime que les échanges dérapent, que le jeu de rôle n'est qu'un jeu, que tout participant pourra toujours fuir dans la mauvaise foi et déclarer qu'il est meilleur dans la réalité et que jouer un jeu de rôle n'est pas « naturel », etc. Cela dit, dans un séminaire, le problème du formateur est dans dix cas sur dix d'injecter de la vie, plutôt que de diminuer la température de la chaudière.

Quant à développer son esprit d'analyse, il suffit de lire ces maîtres que sont les écrivains. Sur la négociation, rien de plus intelligent par exemple que le chapitre V, intitulé « Une négociation », et les chapitres suivants du livre *Le Rouge et le Noir* de Stendhal ; la pièce d'Octave Mirbeau, *Les affaires sont les affaires*, précisément la scène II de l'acte III, *Saint-Germain ou la Négociation* de Francis Walder, prix Goncourt en 1958 (Gallimard).

Lire les essais d'Erving Goffman comme *La Mise en scène de la vie quotidienne* (Éditions de Minuit), qui est le maître à penser en matière d'analyse, ceux du philosophe américain John Elster comme *Agir contre soi – La faiblesse de la volonté* (Odile Jacob). L'esprit de finesse consiste toujours à changer de langage, par exemple à raconter un film vu (passer des images à la parole sur les images), à décrire une peinture (passer d'une image à la description de cette image), etc.

Enfin, nous encourageons les formateurs à méditer cette phrase de Pierre Bourdieu dans *Choses dites* (Éditions de minuit), Bourdieu qui conseille et qui prévient :

> *« Mais quand on pense, comme moi, que l'on se doit d'aller en chaque cas au point où l'on attend le maximum de résistance, ce qui est l'inverse exact de l'intention démagogique, et de dire à chaque auditoire, sans provocation, mais aussi sans concession, l'aspect de la vérité qui est pour lui le plus difficile à admettre, c'est-à-dire ce que l'on croit être sa vérité, en se servant de la connaissance que l'on croit avoir de ses attentes non pour le flatter, et le manipuler, mais pour "faire passer" comme on dit, ce qu'il aura le plus de mal à accepter, à avaler, c'est-à-dire ce qui touche à ses investissements les plus profonds, on sait que l'on est toujours exposé à voir la socioanalyse tourner au sociodrame. »*

## Les grilles d'analyse et d'évaluation

Les grilles d'analyse et d'évaluation servent à injecter, dans un groupe, des termes de référence et des objets d'évaluation. Ce sont des listes de questions ouvertes ou fermées, ou bien des listes d'affirmations. Le formateur peut s'en servir dans trois cas :

- avant le jeu de rôle, pour aider les joueurs à mettre au point leur stratégie ; ainsi savent-ils avant sur quoi ils seront appréciés ;
- avant le jeu de rôle, pour sélectionner l'attention des observateurs ;

❖ après le jeu de rôle, mais avant l'évaluation, pour enrichir le tour de table et la discussion.

En réalité, il ne faut s'en servir qu'en cas de panne afin d'amener de l'énergie, quand le groupe est peu dynamique. Les grilles d'analyse et d'évaluation génèrent toujours moins de finesse – et heureusement – qu'un groupe présent à lui-même et à ses intérêts. **Bref, quant aux grilles d'analyse, commencez donc par ne pas vous en servir.** Ayez confiance dans l'esprit de finesse des participants. Sauf exception, dans un groupe de huit, il y a toujours une personne qui sauve l'humanité. Et n'oubliez pas qu'un séminaire n'est pas discourir sur, mais faire faire. **Visez à ce qu'au moins les deux tiers du temps soient employés à l'apprentissage réussi des participants.**

# 5

# Au commencement était le non-verbal

Vous savez maintenant ce qu'est un jeu de rôle, quels sont les usages que vous pouvez faire de cette technique d'apprentissage dans vos formations, et savez comment animer et évaluer un jeu de rôle. Fort de ces maîtrises, vous prenez quelque distance. Et cette distance vous sensibilise à des phénomènes nouveaux.

Charisme ou rictus ? Certains participants manifestent plus de présence, plus d'aisance que d'autres. Ils ont plus de charisme. Ils impressionnent, ils attirent, ils irradient. D'où vient cette distinction ? Vous sentez qu'elle vient du corps. Vous savez deux ou trois choses que tout le monde dit : croiser les bras lorsque vous parlez signifierait que votre destinataire résisterait à votre discours alors qu'un torse légèrement avancé signifierait qu'il vous écoute ; sourire engendre la bonne humeur. C'est court. Vous sentez qu'il y a autre chose. Essayons de vous le montrer. Il s'agit d'abord de voir ce qui se trouve sous nos yeux et que l'on sent, mais qui n'est pas toujours facile à nommer parce que, justement, ces phénomènes de langage n'appartiennent pas au registre de la langue.

Au commencement était le non-verbal. Quelle signification peut avoir ce chapitre dans un ouvrage sur les jeux de rôle ? Les jeux de rôle sont des échanges de paroles. Un corps attentif à lui-même aura beaucoup plus de facilités à trouver la phrase juste et la réponse adéquate qu'un corps non vigilant à lui-même. Toute vigilance mentale est fille de la vigilance corporelle. Autant de choses que pressentent toutes ces personnes qui se livrent aux arts martiaux ou au yoga.

## Position, gestes, mimiques, regard

A  vous parle et ne vous regarde pas dans les yeux.

B  vous accueille, ouvre les bras en gardant les humérus collés au corps.

C, elle vous parle, mais ne cesse de gesticuler sur scène.

D, le même conférencier, penche toujours la tête vers la gauche.

E  vous reçoit dans son bureau et ne se lève pas pour vous accueillir.

F  est assis, converse avec vous, le cou rentré dans les épaules.

G  vous reçoit avachi dans son fauteuil.

H  parle et son visage ne manifeste aucune expression.

I  vous parle et ne cesse de tapoter un crayon sur son bureau.

J  parle, tous ses gestes sont comme mécaniques, ses avant-bras ne sont jamais dépliés.

K  croise les mains ou les bras lorsqu'il parle.

L  est habillé d'une manière choquante au travail.

M sourit.

N  est mal coiffé.

O  rougit en public.

P  vous écoute et hoche la tête d'avant en arrière.

Q  vous sourit, mais son sourire est dissymétrique. Sa lèvre supérieure droite monte plus haut que sa lèvre supérieure gauche.

R  est debout, les paumes de ses mains sont presque devant ses cuisses et ses mains ne touchent pas son pantalon.

S passe deux tiers de son temps de travail assis devant son écran. Le fond de son siège forme avec ses lombaires un triangle rectangle. Il se plaint d'avoir mal au dos.

Soyez sensible à ces phénomènes en les nommant pour vous-même : décrivez-les et caractérisez-les en positif ou en négatif. Ce qui importe est de faire prendre conscience aux personnes de la manière dont leur corps « parle » et de leur permettre de rectifier ce qui doit l'être. Ce qui doit l'être au nom de quoi ? **Au nom de quatre principes.** Chacun se doit d'être aussi civil qu'il le doit. Chacun se doit d'être aussi beau (et aussi grand) qu'il le peut. Chacun doit mettre son corps en accord avec ses intentions. Chacun devrait utiliser son corps pour signifier au mieux. Politesse, beauté, harmonie, communication.

Dans la culture occidentale, ne pas regarder quelqu'un dans les yeux suscite la méfiance et garder les humérus collés aux côtes est inélégant. On peut dire de quelqu'un qu'il a le regard faux. Une conférencière qui ne cesse de gesticuler sur scène passe pour quelqu'un d'agité, de gêné ou d'intimidé et communique sa gêne à l'auditoire, lequel par rétroaction augmente celle de la conférencière. En termes de conviction, une certaine sérénité l'emporte toujours sur l'agitation. Il s'agit non d'occuper l'espace, qui est un problème de comédien, mais d'occuper l'esprit ou les neurones de l'auditoire ou de son interlocuteur. Pencher la tête sur le côté est un signe de séduction plus fréquent chez les femmes que chez les hommes ; ainsi quand un homme parle la tête penchée, il se fait remarquer sans que l'on sache formuler exactement pourquoi et ce tic focalise l'attention de l'auditoire s'il est permanent. Quelqu'un qui vous reçoit dans son bureau sans se lever et vous tendre la main ou reste avachi dans son fauteuil, ou bien est grossier sans s'en rendre vraiment compte (il a été mal élevé), ou bien veut vous signifier par là que vous n'êtes pas le bienvenu. Si cette même personne converse avec vous, le cou rentré dans les épaules, elle signifie sa gêne et empêche sa voix d'être claire. Qui parle sans manifester aucune expression sur son visage transmet moins et ennuie son auditoire. Si le même tapote un crayon sur son bureau en parlant montre qu'il ne maîtrise pas son corps, qu'il est envahi par sa nervosité : il inquiète son interlocuteur. Celui qui croise les mains ou les bras ou effectue sans cesse les mêmes gestes s'empêche de communiquer de manière pertinente, chaque tic attire l'attention de l'auditoire aux dépens du discours. Chacun s'attend à ce que l'habillement et la coiffure correspondent à la logique des situations sociales. Le sourire est un comportement inné et universel de contentement ; il invite à la bonne humeur, met à l'aise l'interlocuteur en signifiant qu'il est bienvenu et « s'entend » au téléphone pour quatre raisons mécaniques : sourire desserre les mâchoires, fait ouvrir la bouche, clarifie la voix et nous la fait moduler. Rougir trahit la timidité ou la honte. Hocher la tête d'avant en arrière est un signe inné d'approbation de celui qui écoute. Tout tic qui n'est pas de nature psychiatrique se corrige par des exercices, y compris le sourire dissymétrique. Un tel est debout, mais ne se tient pas véritablement droit : le thorax est effondré, les trapèzes sont contractés. Ses mains devraient être sur le côté de ses jambes et non devant ses cuisses ; les mains devraient toucher le pantalon, signe d'absence de toute contraction dorsale.

Par définition sans paroles, tous les comportements listés plus haut sont des comportements non verbaux. Nous appelons *comportements non verbaux* des mouvements ou des arrangements du corps, et non seulement du visage, qui envoient des messages. Ces messages sont reçus et notés par les autres positivement ou négativement. Ils peuvent être innés ou appris, volontaires ou involontaires, culturels ou relativement universels. Ces messages non verbaux, ou paralangage, peuvent faciliter ou entraver la communication.

Ces messages non verbaux ont cette particularité d'arriver au cerveau, à la partie la plus ancienne du cerveau des auditeurs, plus rapidement que les messages verbaux. Pourquoi ? Parce que la vitesse de la lumière est plus rapide que la vitesse du son. Vitesse de la lumière ? 300 000 kilomètres par seconde. Vitesse du son ? 300 mètres par seconde. La vitesse de la lumière est un million de fois plus rapide que celle du son. Vous voyez une personne avant que le son de sa voix ne vous parvienne. Alors ne parlons pas du temps nécessaire à ce que le sens de sa phrase soit interprété par votre cerveau, la partie supérieure de votre cerveau. Ainsi les messages non verbaux font-ils l'impression, la première, dans le cerveau de celui qui vous voit. Qu'est-ce que cela signifie ? Que n'est pas crue une personne qui déclare être contente alors que son visage est triste. Donc, pour être convaincant, il faut que le corps le soit. L'argumentation passe au second plan. Mieux, l'argumentation est d'autant plus convaincante qu'elle est préparée et portée par le corps.

Ces comportements non verbaux n'ont pas forcément de signification particulière. Beaucoup d'entre eux ne sont que de mauvaises habitudes corporelles que les personnes, hélas, confondent souvent avec le « naturel ». Avec une caméra spéciale, on remarque que le geste précède toujours la parole et qu'il « tire » la voix. Ce n'est pas l'habit qui fait le moine, mais le corps. Guerriers, prêtres (de toutes religions) et rois ont toujours su cela. Les postures du corps prédisposent.

On lit quelquefois que les messages non verbaux « surcodent » les messages verbaux. C'est une erreur. Les messages non verbaux ne se décodent pas pour la simple raison qu'ils ne sont pas codés au sens propre. Comme un grand nombre d'entre eux sont déjà inscrits dans le système nerveux, ils sont immédiatement ressentis et reconnus, plutôt que compris. Pour les faire comprendre au sens intellectuel, il suffit de demander aux personnes de nommer ce qu'elles ressentent devant tel ou tel comportement verbal significatif. Chacun de nous a besoin d'un dictionnaire pour comprendre le sens exact des mots. Les mots de chaque langue ressortissent d'un codage parce qu'une maison, le signifié, ne ressemble ni à l'écriture, ni à la sonorité du mot « maison », deux signifiants.

Le comportement non verbal est relativement unisémique, il n'a qu'un seul sens. Un mot est relativement polysémique, il a plusieurs sens. Quand deux personnes se serrent la main, tout observateur extérieur peut penser que ce mouvement débute ou clôt une relation. Quand une personne tend le bras à l'horizontale du sol en pointant l'index, tout observateur extérieur peut penser que, par ce mouvement, cette personne désigne et montre. Qui vous tire la langue se moque de vous, etc. Sauf à vouloir tromper, l'équivoque est rare. Le mot – ou signifiant – « maison » renvoie à une multitude possible de maisons réelles qui ne se ressemblent pas : c'est un concept. Le comportement non verbal est de l'ordre du signal, non du signe, comme les panneaux de signalisation le long de la route. Le non-verbal est certainement, mais pas toujours, un langage en ceci qu'il permet de communiquer, y compris malgré soi ; mais ce n'est pas une langue en ceci que toute langue est une combinatoire de signes qui demande à être interprétée et déchiffrée par des zones spécifiques du cerveau. Les animaux communiquent par signaux. Il y a un langage animal, pas de langue animale.

Cette remarque devrait importer au formateur. Pourquoi ? Parce qu'en « traduisant » certains signaux non verbaux, il interdit aux participants de développer et d'approfondir leur sensibilité. Or, dans la civilisation occidentale, le primat dans l'éducation du cognitif sur l'affectif et le psychomoteur peut se comprendre comme un handicap majeur au développement de la sensibilité sociale des personnes. Et cette sensibilité sociale qui nous permet d'avoir accès aux autres est ce pourquoi, nous semble-t-il, le formateur ou le consultant ont des clients.

Ce langage du corps évolue peu dans le temps. On a pu repérer par exemple que ce geste d'accueil qui consiste à ouvrir les bras vers l'avant, paumes vers le ciel, coudes décollés du corps, à la hauteur des hanches, a au moins cinq mille ans. Il est propre à toute l'aire occidentale et moyen-orientale. Grecs et Romains ont même formalisé par écrit ce langage du corps alors qu'ils ne disposaient pas de vrais miroirs ; les leurs en bronze polis ne reflétaient que le visage. Les plus anciens miroirs, égyptiens, se voient au musée du Louvre. Plus nous travaillons notre corps, mieux nous communiquons.

Nous ne répéterons jamais assez que le rôle du formateur n'est pas seulement de faire remarquer aux personnes ce qui ne va pas, mais de créer des situations d'apprentissage pour que les personnes fassent mieux ou fassent bien tout en conservant ou inventant **leur style**

**propre.** Travailler sur soi, c'est partir à la recherche de soi. De nombreuses personnes sont gênées de rougir en public (il y a des sites Internet sur ce thème) ou de transpirer. Il serait bon que les formateurs sachent enseigner aux personnes à ne plus rougir et à ne plus transpirer. C'est de l'ordre du contrôle cardiaque. Un formateur ne devrait plus se contenter des poncifs répandus dans le milieu des consultants selon lesquels avancer le torse en avant signifie une bonne écoute, croiser les bras manifeste une résistance de la part de l'interlocuteur, s'approcher des personnes accroît la communication.

Qu'est-ce qui a diminué le plus les capacités corporelles des professionnels depuis trente ans ? L'usage, le mésusage des aides audiovisuelles. Telle personne est incapable de parler à quarante autres sans microphone. Pourquoi ne se demande-t-elle pas comment faisait un directeur d'école, lors de la distribution des prix dans les années cinquante ! Telle personne est incapable de donner les dix premières phrases de sa conférence sans « s'appuyer » sur son PowerPoint. Elle ne se demande pas comment font les avocats, bons professionnels, qui ne sont pas des ténors ! En toute autorité, si ce mot garde un sens, les PowerPoint devraient dépendre de leur auteur. Non ! C'est l'auteur, le locuteur, qui dépend des PowerPoint. Aides ou prothèses ? À quel âge les parents responsables enlèvent-ils les deux petites roues à leur enfant qui apprend à rouler à bicyclette ?

Notre expérience nous dicte qu'en cette matière, et à condition que la confiance soit installée, il suffit de trois fois dix minutes d'évaluation d'un groupe en formation, à l'égard de trois personnes qui auront effectué une prestation du type présentation (présentation d'un rapport, présentation professionnelle de soi, présentation d'un client) pour que les regards soient aiguisés et les remarques pertinentes, et que chaque participant profite pour son corps des défauts identifiés dans le corps de l'autre. **La formation, le conseil, le coaching sont ces moments précieux où ce qui a toujours été tu ou non su peut et devrait se dire à condition que la bienveillance contrôle la rigueur.**

## Exercice

**La mécanique**. Regardez trois bulletins météorologiques sur trois chaînes de télévision différentes en coupant le son. Chez l'animatrice ou l'animateur, repérez le geste le plus fréquent et le moins communicatif. C'est le même chez tous. La réponse est donnée avec l'exercice. D'où vient ce tic ?

**La gêne de soi**. Regardez dans vos journaux et hebdomadaires comment se tiennent les gens debout au repos, quand ils ne sont pas en mouvement. Ils ne savent que faire de leurs bras ni de leurs mains. Trois mauvaises possibilités :

a. Croiser ses bras sur la poitrine ; particulièrement inélégant chez les femmes. En voici une qui écrase son dossier sur ses seins. Qu'a-t-elle besoin de ce gilet pare-balles ?

b. Croiser ses mains devant le ventre. Pour cacher quoi ?

c. Croiser ses mains derrière le dos ; du coup le corps a tendance à se pencher en avant. Vieux avant l'âge !

Enseignez-leur à se tenir debout, non déhanchés, sur leur deux jambes, les épaules basses, les pieds écartés à la distance des hanches, les mains le long du corps – et non devant les cuisses –, qui touchent le corps.

**Fatiguez-vous beaucoup sans efforts**. Regardez des gens assis. Regardez les contractions qu'ils imposent à leurs jambes. Pire, regardez le triangle rectangle que forme le fond du siège avec leurs lombaires. Rappelons-le : ce que préfèrent vos vertèbres, c'est d'être rangées les unes sur les autres comme une pile d'assiettes.

## La voix

Le paragraphe précédent concerne les postures du corps, les gestes et le regard, le non-verbal au sens strict. Il existe un deuxième type de non-verbal au sens large, qui est la voix. Non pas la voix qui émet des phrases, mais celle qui émet des sons. Qu'y a-t-il de commun entre le non-verbal du corps et le non-verbal de la voix ? Les deux sont reçus par la partie la plus ancienne du cerveau et sont reçus à une vitesse rapide par l'auditoire, pour la raison qu'ils ne sont pas codés au sens de la langue et des phrases. **Le son est reçu avant le sens.** Il appartient à l'univers des signaux et non des signes. En musique, un *la* est un *la*. Refaisons une galerie de portraits.

❖ **A parle, sa voix est haut perchée, trop aiguë. Elle donne mal à la tête.** Elle a la voix mal posée. Ou bien elle ne sait pas augmenter son volume vocal sans monter dans les aigus. Faites-lui attaquer toutes ses phrases dans les graves en lui faisant baisser les épaules qu'elle tient probablement trop hautes. Faites-lui augmenter l'intensité de sa voix (décibels) sans monter dans les aigus (hertz). Les graves élargissent le larynx et dénouent la gorge en la reposant. Pour un non-professionnel de la voix, les aigus sont plus beaux suivis des graves parce qu'ils comprennent un plus grand nombre d'harmoniques. La voix sera plus belle et l'effort moins grand.

❖ **B parle d'une voix monotone, il ennuie.** Seuls les gestes, le regard et l'intonation sont capables de maintenir ouvert le canal de communication, invisible, mais réel, entre émetteur et destinataire. Ce que nous avons à dire aux autres est en général, hélas, banal. C'est l'investissement physique de sa voix par celui qui parle qui peut donner à tout énoncé cette couleur singulière de personnel et de jamais entendu. Demandez-lui d'augmenter son volume vocal et de dire *merci* sur deux notes différentes : grave/aigu, puis aigu/grave. Préférez souvent *merci* à *je vous remercie*. Plus court et naturellement intoné.

❖ **C termine ses phrases d'une voix faible** qu'on n'entend pas, alors que tout locuteur marque des points au début et à la fin des phrases. Il fait des phrases trop longues pour sa capacité pulmonaire, surtout au début d'une présentation, au moment où le stress est le plus élevé. Comme on le dit d'un chanteur, il ne sait pas tenir sur les finales.

❖ **D parle trop vite. Il essouffle son auditoire** qui ne peut expirer. Un conférencier est responsable du confort physique de son auditoire puisque cet auditoire a tendance à calquer sa respiration sur celui qu'il écoute. Le ralentissement du débit, et donc l'ar-ti-cu-la-tion, est la locomotive qui tire tous les progrès. Toutes les syllabes content, des verbes « conter » et « compter ». Il parle aussi trop vite parce que ses phrases sont trop longues. Demandez-lui d'enlever tous les adverbes, tous les adjectifs sauf ceux qui qualifient de manière discriminative. Demandez-lui de faire des phrases courtes avec un seul verbe. Faites-le expirer à la fin de chaque phrase, puis dans les phrases selon la ponctuation.

❖ **E parle sans jamais faire de silences.** C'est éreintant. Non seulement l'auditoire ne peut pas respirer, mais en plus il n'a pas le temps de réfléchir. Son auditoire suffoque, s'époumone. Apprenez-lui à faire des silences éloquents, à l'image de ceux qui se taisent pour faire taire les autres.

❖ **F expédie son texte parce qu'il a peur.** Il ne croit pas à ce qu'il dit, l'auditoire non plus. Demandez-lui et de ralentir et d'introduire des silences. Faire croire, c'est faire attendre. Voilà ce que nous montrent les dieux.

❖ **G, grand et fort, parle d'une voix fluette. Ça dérange.** Sa voix ne correspond pas à son corps. Cette dissonance trouble. Sa voix est mal posée, faites-la descendre.

❖ **H n'articule pas. C'est fatigant de l'écouter.** Bientôt, vous penserez à autre chose. Il faut mentalement et inconsciemment reconstruire ses phrases au fur et mesure qu'il les énonce. Ce n'est pas à l'auditoire de porter la charge mentale, mais à celui qui sort du bois. Demandez-lui d'ouvrir la bouche. C'est un paresseux du maxillaire.

❖ **I n'ouvre pas la bouche quand il parle.** Les sons ne parviennent pas clairement. C'est comme si quelqu'un ouvrait un robinet pour obtenir de l'eau, tout en bouchant avec sa main l'orifice par où elle est censée sortir.

❖ **J parle de la gorge, on voit ses veines se gonfler.** Un léger souffle accompagne toujours sa voix qui n'est pas agréable. Ce n'est pas la gorge (le larynx) qui est le moteur de la voix, mais la sangle abdominale et le diaphragme qui compriment les poumons. Il se trompe de muscle.

❖ **K parle d'une voix nasillarde. C'est agaçant.** On aurait envie de lui pincer le nez. Sans s'en rendre compte, il laisse passer de l'air par le nez. Faites-lui arrondir le voile du palais, ça devrait s'arrêter.

❖ **L parle d'une voix molle sans énergie, ni tonus. L'auditoire est indifférent,** dans cinq minutes, les personnes présentes vont commencer de nettoyer leur messagerie. Ce sera ça de gagné ! Demandez-lui d'augmenter le volume vocal de 2 à 4. S'il ne voit pas comment faire, faites-le crier.

❖ **M parle trop fort, il ne règle pas l'intensité de sa voix sur le volume de la salle.** Apprenez-lui à chuchoter, c'est-à-dire à parler avec des bruits et non pas des sons, puis progressivement à passer du chuchotement au volume dit « piano ».

❖ **N parle d'une voix métallique ou blanche. Ce qu'il dit ne nous dit rien.** Il ne fait pas vibrer ses résonateurs que sont la poitrine, le dos et la tête.

❖ **O parle avec beaucoup de mots parasites comme** *euh, donc,* etc. On les compte. Les mots parasites sont des mauvais points d'appui de la voix. Faites-lui prendre conscience de ce défaut, puis faites-lui faire des silences pendant lesquels il expire. En *coaching* ou en *master class,* rien n'est plus facile que de faire disparaître les mots parasites.

❖ **P parle sans coordonner ses gestes et sa voix.** Faites-lui travailler les gestes, le naturel de la voix viendra. Question d'inhibition physique.

Notre corps nous échappe, mais n'échappe pas aux autres qui nous jugent et nous jaugent d'abord à notre apparence. Et les autres disposent de ce pouvoir impérialiste et aliénant de nous voir quand nous sommes incapables de nous voir nous-même. Volontairement ou involontairement, ce que nous apparaissons est ce que nous acceptons d'apparaître. Et ce que nous acceptons d'apparaître doit occuper 30 % des conversations ou des réflexions des autres à notre propos. Tous ces phénomènes négatifs ou déplaisants proviennent d'un mauvais contrôle du corps. C'est pourquoi nous les rangeons dans les comportements non verbaux.

Pour des raisons que les spécialistes eux-mêmes ne s'expliquent pas clairement, 70 % des Français ont la voix mal posée et 90 % des Français n'utilisent que 30 % de leurs possibilités vocales. Ils parlent sur trois notes, alors qu'ils en disposent de plus de dix. Dans une salle de restaurant où coexistent des tables de Français, d'Allemands, d'Anglais, d'Espagnols, tous les étrangers parlent plus fort que les Français. La plupart des Français et des Occidentaux respirent mal debout. Allongé, tout le monde respire bien, pour la simple raison que les épaules, collées au sol, ne peuvent plus bouger et que chacun passe d'une respiration thoracique à une respiration diaphragmatique. Nous avons fait les mêmes constatations au Moyen-Orient. En situation de prise de parole en public, les personnes ont tendance à inspirer, c'est-à-dire à prendre de l'air, alors qu'il faudrait expirer l'air des poumons. Après une expiration qui déstresse et décontracte, l'air entre dans les poumons par réflexe, ce n'est donc pas la peine de s'en préoccuper. Là aussi, le parler populaire nous aide. Quand une personne est stressée, elle dit : « Laissez-moi souffler ! » Elle ne dit pas : « Laissez-moi inspirer. » Un autre, exaspéré, dit : « Tu me gonfles (sous-entendu les poumons) ! », ce qui signifie : « Trop d'air ! » **L'expiration est le premier mouvement universel de la relaxation**, c'est-à-dire du relâchement des tensions du corps. Expirer est un mouvement respiratoire que la plupart d'entre nous font en s'asseyant. La signification est claire : expirer et s'asseoir sont deux invitations au repos du corps.

## *Filmer et enregistrer ?*

Pendant des milliers d'années, les hommes, notamment les Grecs et les Romains, ont contrôlé leur corps sans aucune médiation extérieure. Ces derniers ont même formalisé les bonnes postures sans disposer ni de photographies, ni de caméras. Les Grecs, comme les Égyptiens, ne connaissaient en fait de miroirs que le bronze poli. Les hommes grecs dépréciaient le miroir, considéré comme un objet féminin. Un Grec ne pouvait se considérer que dans les yeux d'un autre Grec. Sans doute avaient-ils incorporé une haute image du corps pour avoir été en même temps inventeurs de l'idéal de beauté féminin et masculin (la sculpture en témoigne) et inventeurs de la rhétorique, y compris celle du corps, qui est l'art de convaincre, trop souvent confondue avec la dialectique qui n'est qu'un type de conversation et de conversion inventé par Platon, joué par Socrate. Le miroir en verre a été inventé au XII^e siècle, il est petit. Le grand miroir date du XVII^e siècle et ne sera répandu qu'au XIX^e siècle. Nous, nous disposons de la photographie et du film.

La caméra peut capter tous ces phénomènes et les renvoyer aux auteurs. Maintenant qu'ils ont pris conscience, ils sont disponibles pour l'apprentissage. Mais, bien sûr, l'apprentissage sera d'autant plus durable si, au lieu de se servir de cette médiation externe, le formateur réussit à faire intérioriser ou incorporer par chacun des participants les images de son corps. Sinon, en situation réelle, comment pourront-ils s'autocontrôler ?

## Acteur ou comédien ?

En ce qui concerne la mise en scène de soi, où le premier souci est de convaincre plutôt que d'être « naturel », le mauvais paradigme, le mauvais modèle est le théâtre. Pourquoi l'exercice théâtral est-il un faux ami ? Parce que convaincre des clients, des collaborateurs, un comité de direction est une compétence professionnelle de responsable et non pas une compétence de comédien. Si tous les comédiens savaient convaincre, aucun ne serait au chômage. Un directeur de marketing produit lui-même son texte, un comédien donne le texte d'un autre, d'un écrivain qui l'a écrit. On ne demande pas à ce directeur de marketing d'éprouver les sentiments ou les émotions de quelqu'un d'autre que lui. Occuper le poste de directeur de marketing, c'est déjà jouer un certain personnage dix heures par jour au travail et non une heure et demie par jour sur une scène. Le professionnel n'est pas là pour donner un spectacle, mais pour faire le métier pour lequel il est payé. Ce sont les musiciens, les compositeurs, qui ont fait progresser la voix en écrivant des partitions que les chanteurs ne se croyaient pas capables de chanter. Scientifiquement parlant, la voix n'est connue que depuis le milieu du XXᵉ siècle. Les clients du formateur ont à être acteurs de leur rôle, non comédiens d'une pièce qui n'est pas la leur.

Pour embellir les voix, vous devez pour commencer disposer des trois notions suivantes. Le **volume**, ou intensité qui se calcule en décibels, notion qui renvoie à l'horizontalité puisqu'elle désigne la portée de la voix en mètres. L'**ambitus**, ou la hauteur de la voix qui renvoie à la verticalité, se calcule en hertz ; du son le plus grave, émis sans effort, qui résonne dans la poitrine, au son le plus aigu, émis sans effort, qui résonne dans la tête, chaque être humain dispose d'une octave et demie ; la plupart des orateurs ne modulent pas leur voix, ils sont monotones ; une phrase interrogative dans toutes les langues occidentales se termine par une note aiguë. Le **rythme**, lent ou rapide, qui fait aussi qu'on doit donner deux temps (une blanche en musique) sur le « jour » de « bonjour », pour que l'émotion d'être salué soit ressentie.

Enfin, retenons que le cerveau est sensible aux oppositions, à ce qui clignote comme les feux d'alerte sur une voiture. Des oppositions dans la voix, il y en a quatre principales chez tous les individus. **Piano/forte** est l'opposition qui vient du volume. **Grave/aigu** est celle qui vient de l'ambitus. **Lent/rapide** est l'opposition qui vient du rythme. **Silence/son**, enfin. Les vrais silences de l'orateur sont éloquents : du sens sans son. Faites découvrir cela aux participants par une pratique de trente minutes et leurs paroles deviendront des actes. En effet, une fois réglée la rhétorique du corps qui donne la présence, le formateur peut passer à la rhétorique du texte. Quel que soit l'objet du séminaire, tout formateur est un professeur de langue. Cyrano de Bergerac devait savoir et bien se tenir et bien régler sa colonne d'air pour être à la fois si bon escrimeur et si bon parleur.

Ajoutons ce conseil : ce que vous pratiquez dans un séminaire ou durant un coaching, si vous ne le continuez pas matin, midi et soir, en toutes occasions, à la ville, comme à la scène, c'est peine perdue. Vous auriez aussi bien fait de regarder un match de tennis à la télévision en vous donnant le sentiment qu'ainsi vous pratiquiez un sport. L'importance de la répétition est bien illustrée par les efforts de Démosthène décrits ci-après :

## Débuts de Démosthène

*Démosthène bégayait à un point qu'il ne pouvait exprimer certaines lettres, entre autres celle qui commence le nom de l'art qu'il étudiait, et il avait l'haleine si courte qu'elle ne pouvait suffire à prononcer une période entière sans s'arrêter. Il vint à bout de vaincre tous ces obstacles en mettant dans sa bouche de petits cailloux, en prononçant ainsi plusieurs vers de suite à haute voix sans s'interrompre, et cela même en marchant, et en montant par des endroits fort raides et fort escarpés : en sorte que dans la suite nulle lettre ne l'arrêta, et que les plus longues périodes n'épuisaient plus son haleine. Il fit plus : il allait sur le bord de la mer, et dans les temps que les flots étaient le plus violemment agités, il y prononçait des harangues pour s'apprivoiser, par le bruit confus des flots, aux émeutes du peuple et aux cris tumultueux des assemblées. Il ne prit pas moins le soin du geste que de la voix. Il avait chez lui un grand miroir, qui était son maître pour l'action, et devant lequel il déclamait avant que de parler en public. Pour se corriger d'un défaut qu'il avait contracté par une mauvaise habitude, qui était de lever continuellement les épaules, il s'exerçait debout dans une espèce de tribune fort étroite où pendait une hallebarde, afin que, si dans la chaleur de l'action ce mouvement venait à lui échapper, la pointe de cette hallebarde lui servît d'avertissement et de punition tout ensemble. Il fut bien payé de toutes ses peines, puisque ce fut par ce moyen qu'il porta l'art de déclamer au plus haut degré de perfection où il puisse aller.*

CHARLES ROLLIN

# Exemple de présentation d'un séminaire : « Convaincre vos auditeurs »

Le séminaire *Convaincre vos auditeurs* entraîne une personne (coaching) ou plusieurs personnes (séminaire) à la parole en public. Dans les relations humaines, le nombre de personnes rassemblées est la variable la plus structurante. Distinguons donc **2 genres** de parole en public. Au genre « discours », peu interactif, appartiennent la présentation, le cours, la plaidoirie, la harangue, qui rassemblent un groupe plus ou moins nombreux. Au genre « entretien », plus interactif, appartiennent le débat, le conseil, qui rassemblent deux personnes. Distinguons **3 fonctions de l'orateur** : exposer, animer une table ronde, répondre aux questions. Mais qu'il s'exprime à la radio ou à la télévision, au téléphone ou en réunion, avec ou sans support, il y a toujours **3 fondamentaux** : 1) maîtrise du dossier ; 2) maîtrise du corps ; 3) maîtrise de la transmission. Choisissez l'impact de la phrase et de la voix en visant la mémoire de l'auditeur. Parler à l'aide de PowerPoint, lire un texte, improviser, comment faire ? Convaincre vos auditeurs, c'est d'abord **s'en faire écouter**. L'enjeu ? Votre crédibilité, votre charisme, votre pouvoir de faire faire. *Convaincre vos auditeurs* est à la fois coaching du corps et coaching du texte.

## Devenez l'acteur de votre rôle

Le professionnel éprouve que le contenu et sa transmission sont deux expertises distinctes. Le professionnel parle de ce qui lui est familier. Le comédien donne le texte d'un autre, d'un auteur. Le professionnel est dans son rôle quand le comédien fait exister un rôle imaginaire. Problème du comédien ? Comprendre l'esprit du texte. Problème du professionnel ? Convaincre ses auditeurs. Le comédien parle **en** public, le professionnel parle **au** public. Le théâtre n'est pas le paradigme pertinent de la prise de parole en public. *Convaincre vos auditeurs* aide le professionnel à devenir l'acteur de son rôle. Écoutez les voix : une personne sur deux manque ou bien de volume, ou bien d'intonation, ou bien d'articulation.

## Qu'espérer du séminaire *Convaincre vos auditeurs* ?

Deux jours, et 90 % des participants éliminent 90 % de leurs difficultés en faisant court, vigoureux, clair.

- Maîtriser son corps, sa position, ses gestes, donc le trac, les parasites du corps et du langage.
- Instruire, toucher, plaire, et n'être ni monotone ni ennuyeux.
- Conduire son regard, le non-dit et l'intonation de son intention.
- Utiliser au moins 8 techniques rhétoriques et être à l'aise avec les questions pièges.
- Être capable d'utiliser habilement les 5 types de supports projetés.
- Se contrôler pour conclure dans un temps imparti.
- Savoir synthétiser les messages-clés et les faire mémoriser.
- Communiquer les émotions sans lesquelles on ne communique aucune conviction.
- Garder son sang-froid dans la réponse aux questions et savoir jouer avec ses erreurs.

## Éléments de programme et pédagogie

Position assise, debout. Pose de la voix. Respiration. Présentation professionnelle. Structure des phrases et argumentation. Le non-dit. Le non-dit est ce que l'orateur fait, reçu par l'auditoire à la vitesse de la lumière quand les paroles le sont à la vitesse du son. Le non-dit surcode le dit. Pourquoi faut-il attaquer dans ses graves ? À quels signaux le cerveau est-il sensible ? Etc. Le programme part du diagnostic du client, son **succès dépend de l'apprentissage** que conduit le consultant. Donner des conseils sans les faire pratiquer séance tenante est inefficace. Notre pédagogie est pratique. Convaincre ses auditeurs est un **exercice et sportif et mental**. Chaque personne dispose d'une feuille de route et d'une technique de répétition efficace. Générique, l'apprentissage des fondamentaux se transfère à toute prise de parole dans toutes les langues. Bref, trouver sa voix pour trouver la voie du client.

6

# Comment écrire
# un jeu de rôle ?

S'il faut distinguer un formateur d'un animateur de formation, mot que nous employons ici pour la première fois, disons qu'un formateur construit ses propres outils quand un animateur utilise ceux qui lui sont fournis. En cuisine comme en formation, la tendance est aujourd'hui au prêt-à-l'emploi, au prêt-à-manger. On y perd le goût et son métier. Nous encourageons tout candidat à l'acte de formation à vendre, à concevoir, à former, à faire former, à fidéliser son client et à exercer son esprit critique à l'endroit des prêt-à-penser qui encombrent le marché. Toutefois, le lecteur lira une quarantaine de jeux de rôle, classés par genres en fin de volume. On commence par imiter, on finit par inventer.

Qu'un participant ressente médiocre son jeu, et il explique que la situation n'est pas réaliste, que ça ne se passe pas exactement comme ça dans la réalité, qu'il n'a pas de problèmes parce qu'il connaît très bien les gens auxquels il s'adresse, que..., que... Comme en prise de parole en public, les candidats expliquent qu'ils n'ont aucun problème quand ils connaissent le groupe et qu'ils ne sont que cinq... Savoir conduire, c'est savoir conduire toutes les voitures dites de tourisme, pas seulement la vôtre. Bref, ça résiste à l'apprentissage. Mais si tout le groupe réagit de la même manière, c'est soit parce que le formateur a mal présenté le séminaire et insuffisamment mobilisé le groupe, soit parce que l'analyse préalable des besoins a été mal conduite.

Rappelons que **le jeu de rôle sert à accroître la capacité des personnes à surmonter des obstacles.** Si tous les participants, ou la plupart, surmontent aisément l'obstacle, c'est que le jeu de rôle est mal construit, mal ciblé.

Il peut arriver aussi que les joueurs n'entrent ni dans la situation, ni dans les rôles parce qu'ils sont trop éloignés des réalités qu'ils connaissent et que leur faible mobilité professionnelle les a peu préparés à développer le minimum d'imagination sociale qui permet de se mettre dans la peau des autres. Le formateur aurait dû concevoir des jeux de rôle spécifiques. En présentant un rôle de contrôleur de gestion à un responsable de production, on donne facilement l'occasion de résister. Le formateur peut donc avoir besoin d'écrire des jeux de rôle appropriés aux situations qu'il est souhaitable que les participants maîtrisent. C'est à ce besoin que ce chapitre voudrait répondre. Une fois cette technique connue et pratiquée, le formateur pourra mettre en scène des jeux de rôle spontanés, sur place, en séminaire même, en fonction des besoins manifestés par les participants.

Une entreprise peut commander à un formateur un séminaire d'entretien d'appréciation, d'entretien de vente ou de conduite de réunions ; dans ce cas, à moins que le cahier des charges du prescripteur ne soit précis, ce qui est rare, il est nécessaire que le formateur effectue un certain nombre d'entretiens préalables au séminaire de manière à collecter les souhaits des futurs stagiaires et à identifier précisément les écarts entre la réalité et ce que souhaite le prescripteur, responsable hiérarchique ou responsable de formation. Il établira ainsi un *référentiel,* c'est-à-dire un ensemble suffisamment cohérent de normes définissant ce qui est attendu des personnes en matière d'entretien, tant du point de vue de l'« entreteneur » que de celui de l'« entretenu ». Le formateur, à l'aide de ce référentiel et de ces informations, concevra et rédigera des jeux de rôle censés combler les écarts entre le constaté et l'attendu. Pour écrire un jeu de rôle, il convient d'en connaître les caractéristiques techniques et le cahier des charges.

## Caractéristiques techniques des jeux de rôle

Il existe des versions simplifiées de jeux de rôle. Vous lirez un jeu de rôle de réunion simplifié à la fin de ce chapitre. Simplifié au sens où il ne comprend pas de rôles de prétextes. En effet, la situation est si claire que les prétextes pourront sans texte jouer parfaitement leur rôle.

Mais il est plus profitable de commencer par écrire des jeux de rôle sous la forme classique. Un jeu de rôle doit à la fois définir des limites et ouvrir du jeu : définir des limites, c'est définir une situation commune et des positions respectives ; ouvrir du jeu à l'intérieur de ces limites, c'est donner des marges de liberté et permettre à chaque joueur d'imaginer une stratégie (c'est-à-dire un objectif) et une tactique pour sortir du mauvais pas. Quelles sont les cinq caractéristiques techniques des jeux de rôle ?

1. Deux documents, un pour chaque joueur : l'un des documents est destiné à l'analysé, l'autre au prétexte.

2. Description « scénarisée » de la situation commune.

3. Description « scénarisée » du type de lien entre les joueurs.

4. Description « scénarisée » de la position respective et suffisamment antagoniste de chaque rôle.

5. Les documents indiquent qui prend l'initiative de la relation et/ou qui prend l'initiative de parler le premier.

Un jeu de rôle d'entretien à deux se présente sous la forme de **deux documents** (ou un document A4 divisible en deux), un pour chaque protagoniste. L'un est destiné à l'**analysé**, c'est-à-dire celui qui a la charge de maîtriser une relation et ainsi de développer une habileté particulière ; l'autre document est destiné au **prétexte**, c'est-à-dire celui qui a la charge de donner des répliques qui seront l'occasion de progrès pour l'analysé. Une entreprise a plutôt intérêt à développer la performance de ses vendeurs que la méfiance de ses clients.

Une partie du texte est commune aux deux documents : c'est la partie qui décrit la **situation commune** aux deux protagonistes et qui se définit par ce que chaque joueur doit savoir à propos de l'autre pour que le jeu de rôle soit jouable. Une partie du texte diffère selon les protagonistes **A** ou **B** : elle décrit la **position respective** de chacun des deux acteurs par rapport à la situation, et se définit par le point de vue de chacun des protagonistes sur la situation en fonction de son rôle. Cette position doit être suffisamment antagoniste pour révéler un différend, mais non contradictoire, puisqu'une contradiction absolue interdirait et rendrait vaine toute relation. **Scénariser** la situation dans l'écriture et le vocabulaire ainsi que la position respective des joueurs, c'est leur permettre d'intérioriser plus rapidement les rôles en faisant appel à leur imagination. Que les documents donnent le ton, et sont réveillés chez les joueurs tous les sentiments liés à la situation. À l'âge de vingt ans, on a plusieurs fois éprouvé dans sa vie la totalité de la gamme des sentiments possibles.

La situation commune doit expliciter le **type de lien organisationnel** qu'entretiennent les acteurs : ils appartiennent ou non à la même organisation. Appartenir à la même organisation, c'est être dans l'obligation de respecter un minimum de règles communes qui restreignent les atouts disponibles ; ces règles communes indiquent intuitivement jusqu'où il n'est pas possible de pousser le bouchon. Un responsable hiérarchique ne peut pas dire n'importe quoi à son subordonné (sauf à se déconsidérer – encore qu'aujourd'hui, tout se passe comme si l'élégance était devenue facultative) et inversement. En revanche, un prospect peut être très mal élevé, et d'ailleurs cela arrive, à l'égard d'un vendeur qui se présente chez lui le soir au moment du dîner. Autrement dit, les acteurs ont des relations liées ou non. En outre, la description de la situation doit indiquer si le jeu de rôle débute une séquence de relation (démarrage d'un entretien) ou une sous-séquence de relation (au cours d'un entretien) ; enfin, elle doit permettre aux joueurs de savoir qui a l'initiative de la relation et qui doit parler le premier.

Tant qu'un jeu de rôle n'a pas été testé deux ou trois fois, le formateur qui l'a conçu ne peut pas savoir s'il est efficace ou non, et surtout il ignore quelles surprises ce jeu réserve. Quand il utilise un jeu de rôle qu'il n'a pas rédigé lui-même, il est utile qu'au titre de sa préparation, il en fasse d'abord une étude de cas pour lui-même, de manière à imaginer deux ou trois tactiques réalistes par joueur, exactement comme il le ferait aux dames ou aux échecs.

Conservons nos deux exemples :

## La salade niçoise

La situation commune :

* Chacun sait qui il est (garçon de café ou consommateur) ;
* où il est (dans une brasserie ou à la terrasse de la brasserie) ;
* à propos de quoi il a une relation avec l'autre : le consommateur a demandé au garçon de café une salade niçoise.

La position :

* Le consommateur est mécontent parce qu'il n'a pas ce qu'il a commandé. Mais va-t-il oser le dire, et comment, pour obtenir quoi ? C'est l'analysé ; il parle le premier.
* Le garçon de café risque d'être irrité d'avoir à changer un plat et il peut, bien évidemment, discuter la réclamation et la définition de la salade niçoise, en intimidant le consommateur, ou même refuser le face-à-face. C'est le prétexte.

Le lien organisationnel :

* Il y a eu passage d'un contrat oral entre un consommateur et un garçon de café sous la forme de la demande d'une salade niçoise en échange de l'implicite promesse d'une somme d'argent. Qu'est-ce qui fait lien ? C'est la réciprocité des promesses. Qu'est-ce qui fait jeu ? C'est l'insatisfaction de l'un à l'égard de la prestation de l'autre. Au moment de la réalisation d'une partie du contrat sous la forme de la mise à disposition du plat, le consommateur constate que le terme de « salade niçoise » ne recouvre pas la même chose pour les deux parties. Au restaurant généralement,

les consommateurs ne voient rien, sinon la carte, avant d'avoir le plat sur la table. Il y a donc un contrat tacite sur le vocabulaire du menu. Au restaurant, on commande des choses par le truchement des mots. Les différends les plus nombreux portent sur la définition différente que deux acteurs se font d'un mot.

❖ Tous les jeux de rôle traitent ou bien des termes de l'échange au moment de la mise au point d'un contrat, c'est le cas, par exemple, des jeux de rôle de vente, de recrutement et de négociation ; ou bien de l'insatisfaction de l'une des deux parties au moment de la réalisation du contrat dans ses aspects explicites et implicites.

❖ Le jeu de rôle à deux documents permet à chacun des joueurs de réserver des surprises à l'autre, puisque le joueur **A** ne connaît pas le texte du joueur **B**.

## Jean Beausire, commercial gourmand

L'objectif de ce jeu de rôle est d'entraîner des responsables à déjouer les manœuvres possibles des collaborateurs, quand leurs intérêts à court terme, ou du moins la vision qu'ils en ont, ne coïncident pas. La **situation commune** se définit par la mise en présence d'un responsable hiérarchique et de son collaborateur qui a dépassé en notes de frais le barème autorisé. La position du collaborateur se définit par le fait qu'il ne nie pas avoir dépassé le barème dont il estime formels les termes, en comparaison de ce qu'il rapporte à l'entreprise ; il en appelle à la confiance, c'est-à-dire à la culpabilisation du responsable. Le responsable, de son côté, a une autre position : il estime que son rôle est de faire respecter les règles. À partir de là, toutes les tactiques sont possibles. Le responsable peut dire que les dérogations ne sont pas impossibles, mais à condition qu'elles soient négociées avant l'acte et non après ; le collaborateur peut répliquer qu'il a été pris de court, que ses résultats sont bons, que trop de bureaucratie empêche une entreprise de fonctionner ; il peut ajouter que ça ne lui arrive jamais à lui, alors que son collègue un tel se met toujours dans cette situation. Le responsable peut montrer d'une part qu'il n'y a aucune évidente corrélation entre la dérogation à la règle et la performance et que, quand bien même il y en aurait une, l'art de vendre consiste à obtenir des performances en respectant les règles et non pas en les transgressant. On pourrait aisément faire la typologie de toutes les argumentations possibles.

Jean Beausire demande, après coup, une dérogation à la règle ; si les dérogations sont permanentes, parce que le responsable est laxiste, le collaborateur aurait tort de se gêner ; il peut avoir quelque raison de s'impatienter de ce que la règle soit brutalement rappelée à l'occasion d'un événement qui le concerne plutôt que durant une réunion de service, où le message concernerait toute l'équipe.

Le problème de Jean Beausire, comme celui des collaborateurs en général, n'est pas de dire ce qu'il pense, mais de dire ce qui lui est utile pour obtenir la rémission de son écart par rapport à la règle. Ce respect de la règle par Jean Beausire est inclus implicitement dans son contrat de travail ou plus précisément dans l'implicite de sa définition de fonction. Bref, les variations tactiques sont d'autant plus infinies que chaque joueur peut à tout moment ajouter des éléments, supposés connus, à la situation, discuter à l'infini de l'implicite et de l'explicite, de la légitimité et de l'efficacité d'une nouvelle règle. **Ce jeu de rôle ne doit pas s'arrêter avant que le groupe puisse savoir si le responsable hiérarchique paye ou non la note de frais en question ou s'il noie le poisson.** Tout est là. Le responsable peut négocier sans se démettre et déclarer qu'il paye la note de frais à la hauteur des règles et du barème fixé par l'entreprise, la différence restant à la charge de Jean Beausire. La pertinence qu'il y a à appliquer une règle générale à un cas particulier est l'une des matrices les plus riches des jeux de rôle. Comme la plupart des jeux de rôle sont, de fait, des jeux de négociation, ils se déroulent sur la capacité de l'un à dire à l'autre : « Non, parce que... » ou : « Oui, à condition que... ».

# Les jeux de rôle spontanés

Après une journée de formation par jeux de rôle, le formateur peut construire des jeux de rôle spontanés avec les stagiaires en fin de journée pour le lendemain. L'apprentissage devient très efficace dans la mesure où chacun pourra construire le jeu de rôle correspondant aux difficultés réelles qu'il rencontre dans la réalité. Ces jeux de rôle spontanés reviennent toujours à diminuer, à sa demande, les facteurs d'inhibition du sujet et donc à libérer son énergie.

Il existe deux techniques pour construire des jeux de rôle non préparés, et donc spontanés, avec un groupe : la première part des difficultés que ressentent les participants ; la seconde part du souhait des personnes d'affirmer tel ou tel point de vue ou tel ou tel comportement.

## Partir de la difficulté

Le formateur écrit (ou remet aux stagiaires un document avec une consigne) au tableau de papier la phrase suivante : « Le plus difficile pour moi dans un entretien ou dans une réunion, c'est... » Puis il demande aux participants d'écrire la suite sur une feuille de papier. Il lui suffira enfin de faire un tour de table. Il peut aussi directement faire un tour de table sur les difficultés que les participants éprouvent, ce qui revient à collecter leurs attentes. Enfin, il liste ces difficultés et il choisit avec le groupe celles qui peuvent donner lieu à des jeux de rôle sans passer par un texte, avant de préparer chacun des joueurs.

## Partir du souhait

Sur une idée empruntée à Woody Allen, le formateur peut partir du souhait « Ce que vous n'avez jamais osé dire à... »

L'un d'entre nous a eu un jour en séminaire une jeune femme dont le souhait était de pouvoir essayer dix paires de chaussures dans un magasin, de remercier la vendeuse et de n'en acheter aucune, sans grossièreté, sans que la vendeuse se sente blessée, sans se sentir coupable et donc de ne proférer aucune phrase de justification comme : « *Mince, j'ai oublié ma carte bleue !* » ou : « *C'est vraiment dommage, je n'en trouve aucune à mon goût.* » Ou : « *Trois me plaisent sauf la couleur, je suis désolée pour vous, etc.* » Comme le séminaire se terminait à cinq heures et avait lieu en ville, le formateur avait monté un dispositif pour valider cette formation spécifique dans la rue marchande la plus proche. Une seconde jeune femme entrait juste après la première et, l'air de rien, interrogeait la vendeuse pour recueillir son sentiment. Cette formation spécifique était considérée comme adaptée si la vendeuse était déçue, et inadaptée si elle concevait du ressentiment. Avant de quitter la salle de formation, le formateur avait mis au point avec le groupe une typologie de toutes les réponses possibles de la vendeuse au questionnement de plusieurs « témoins ». Chaque réponse était cotée d'un certain nombre de points en fonction de la plus ou moins grande réussite. D'une certaine manière, toute formation dite comportementale devrait comprendre un test de validation en grandeur réelle.

Quand on coache, dans certains cas, il est aisé de se mettre d'accord avec le coaché pour valider les effets du coaching en situation réelle.

## Formateur et metteur en scène

Plutôt que de le jouer lui-même, le participant qui a imaginé et proposé le jeu de rôle peut demander à deux autres personnes de le jouer à sa place afin de disposer d'un recadrage de sa propre vision, au sens de l'école de Palo Alto. Il jouera donc un rôle de metteur en scène.

## Comment trouver de l'inspiration pour écrire des jeux de rôle ?

Tout simplement en lisant un livre qui concerne le thème de votre séminaire. Vous sentirez quels sont les points durs sur lesquels insiste l'auteur. C'est à partir de ces points durs que vous pourrez imaginer des jeux de rôle.

À bien regarder et à bien écouter, nous avons autour de nous dix occasions par jour d'écrire des jeux de rôle.

## Un jeu de rôle simplifié de réunion

Il n'est pas toujours indispensable d'écrire des rôles de prétextes. L'analysé dans son rôle fournit le contexte et l'enjeu, et les participants trouveront d'eux-mêmes leurs répliques.

# La récompense

**Feuille A : analysé**

1) Acteurs :    vous, le chef de projet

                 eux, vos collaborateurs

2) Votre situation : vous êtes au milieu du délai du projet, à la veille des vacances d'été. Votre équipe a réalisé 70 % de ses objectifs. Vous voulez marquer le coup en organisant un repas. Vous avez demandé un budget à votre directeur qui vous l'a refusé. Sans doute vous y êtes-vous mal pris, passons. Vous, vous pensez que chacun peut payer sa part. Ce ne devrait pas être un problème. Bref, à l'occasion d'une réunion de service, vous proposez à votre équipe ce déjeuner. Vous avez préparé votre discours. Allez-y.

L'intérêt de ce jeu de rôle est que le chef de projet se met dans une situation contradictoire sur le plan symbolique, en même temps qu'il propose une récompense, chaque collaborateur doit payer son repas, mais la situation n'est pas du tout irréaliste. Il faut être fin pour obtenir l'objectif : que tous les collaborateurs acceptent, sans rechigner ni critiquer le chef, une date, un moment – midi ou soir –, un lieu, une hauteur de prix du repas. Si un chef ne devait être mis à l'épreuve dans sa vie que par un seul jeu de rôle, c'est celui-ci. Vous pouvez l'animer dix fois, à chaque fois, vous trouverez des situations différentes qui se prêtent à des analyses intéressantes sur la manière dont le chef de projet se sort, ou non, honorablement et en un temps court, de cette situation délicate.

Une fois, par exemple, un participant, chef de projet, accepte que le repas ait lieu chez l'un de ces collaborateurs, lesquels décident d'amener femmes et enfants, un dimanche. Chacun cuisinerait quelque chose. À la fin du jeu de rôle, un participant déclare au chef de service que sa présence, finalement, n'est pas indispensable. Voilà comment une équipe fait payer symboliquement à son chef son incapacité à financer un repas présenté comme une récompense.

Une autre fois, les collaborateurs font payer tous les repas par le chef de service de sa poche. Ou alors, le chef de projet organise le repas, mais la moitié des membres de son équipe est absente sous les prétextes les plus fallacieux.

Des chefs de projet s'en sortent avec élégance en annonçant clairement la situation dès le début. D'autres agissent avec cynisme : ils annoncent, sur un ton tel que personne n'ose répliquer, que chacun doit payer sa part une fois que toutes les décisions collectives sont prises.

Un groupe a obligé le chef de projet à aller renégocier le financement avec son chef. Dans ce cas, le formateur a, séance tenante, joué le rôle du chef qui réitère son refus. Le chef de projet revient devant son équipe nu et déshonoré. Tout le monde n'est pas beau, tout le monde n'est pas gentil !

# 7

# Comment monter un séminaire de conduite de réunions ?

On pourrait monter un séminaire de conduite de réunions avec le jeu de rôle « La récompense » qui clôt le chapitre précédent. Le jeu de rôle serait répété jusqu'à ce que quelqu'un le réussisse et que chaque membre du groupe le réussisse. Il s'agit de prévoir un discours qui ne laisse pas prise aux pièges dans lesquels les collaborateurs aiment enfermer leur chef. Voici un discours de chef de projet qui généralement obtient ce qu'il s'agit d'obtenir dans la bonne humeur.

> *« Avant de clore notre réunion de service, je vous fais part de ma satisfaction. À la moitié de l'année, nous avons, vous avez obtenu 70 % de nos objectifs. Il ne s'agit pas pour nous de relâcher l'effort, mais de marquer ce succès entre nous, sans y mêler l'entreprise. Qu'est-ce que je vous propose ? Que nous déjeunions ensemble vendredi prochain dans le restaurant x, proche de l'entreprise. Pour ce, je n'ai pas de budget. Je me propose d'offrir les boissons et que chacun paye son repas. Faisons-en un moment de convivialité et de plaisir. Tout le*

*monde a participé aux résultats, ainsi, la seule condition que j'impose est que tout le monde soit présent. »*

Personne ne vous oblige à dire que votre patron vous a refusé ce budget. Quelle est cette manie moderne de dire « transparence », quand, transparent, personne ne l'est, au lieu de « clarté » quand, clair, on devrait l'être !

# Qu'est-ce qui ne va pas avec les réunions ?

Une partie importante des salariés passe son temps en réunions, verticales ou transversales, réunions de service, réunions de projet. Voilà un temps de travail qui souvent est non seulement peu productif, mais aussi démobilisateur. À titre d'illustration, voici le compte rendu d'une demi-heure de travail, rédigé par des cadres, au début d'un séminaire de conduite de réunions. On ne va pas parler ici des réunions à distance, par téléphone ou vidéoconférence, qui sont des exemples de contre-efficacité.

## Ce qui ne va pas avec ceux qui prennent l'initiative de provoquer des réunions

- Ils ne font pas d'ordre du jour.
- Comme nous ne recevons pas d'ordre du jour avant, nous avons à répondre sur des sujets non préparés.
- Ils n'ont pas d'objectifs.
- Ils ne mesurent pas les conséquences pratiques de ce qu'ils disent.
- Ils ne font pas de compte rendu de décisions.
- Ils ne prennent pas en compte le nombre de personnes.
- Ils ne contrôlent pas la durée de la réunion.
- Ils ne respectent pas les horaires qu'ils proposent.
- Ils arrivent en retard et s'absentent eux-mêmes des réunions.

- Ils n'ont pas le sens de l'essentiel.
- Ils acceptent que des gens arrivent en retard.
- Ils changent de sujet sans raison au cours de la réunion.
- Ils ne préparent pas les réunions qu'ils initient.
- Ils estiment réussie une réunion qui se conclut par la décision d'en tenir une autre.
- Ils font des réunions trop nombreuses, trop longues et trop désordonnées.
- Ils font des réunions qui sont un assemblage d'entretiens individuels.
- Ils ne sont pas préoccupés de vexer quelqu'un en public ou de répondre au téléphone.
- Comme ils ne sont pas crédibles, il y a beaucoup d'absents aux réunions, ce qui est finalement une bonne chose.

Il nous est arrivé d'assister à des réunions de direction de grandes entreprises durant lesquelles les gens lisaient leur courrier, le disposaient en piles, commençaient à y répondre, nettoyaient leur messagerie. Nous ne devions pas être les seuls à nous dire que celui qui animait cette réunion ne devait pas se sentir très fier. Et ceux qui pensaient comme nous ne devaient pas se sentir très fiers non plus d'éprouver le même sentiment et de faire comme si de rien n'était ! Ces cadres dirigeants devraient avoir mauvaise grâce à opposer à leurs collaborateurs la médiocrité de leurs réunions. N'empêche que dans beaucoup d'entreprises, il faut former le collaborateur du chef, parce que le chef, lui, est au-dessus de ça. Et pourtant, en vérité, c'est toujours de la faute du chef ! Voilà ce qu'il faut inlassablement répéter.

Dans ses *Propos* (Pléiade, tome II, p. 866), Alain parle ainsi des réunions :

> « *Ce que je méprise c'est l'agitation comme méthode de penser ; c'est frapper cent fois à côté avec l'espoir d'un coup juste ; mais le coup juste est toujours le premier coup ; et il ne*

*faut point essayer. C'est pourquoi la méthode de penser en commun et de décider en commun est mauvaise ; elle épuise tout le monde et conduit à des solutions de fatigue. Il n'est pas difficile de deviner ce que sera une solution de fatigue ; ce sera acceptation et résignation ; et de mauvaise grâce, ce qui achève le mal. La mauvaise humeur est le fruit de l'attention intempérante. J'ai pris une grande leçon de ces associations qui prospèrent et ne font rien. C'est que l'attention y est vivante au commencement, quand les questions se posent, et morne à la fin quand il faudrait décider. »*

## De quoi doit disposer un formateur pour monter, puis animer, un séminaire de conduite de réunions par jeux de rôle ?

Le premier but que le prescripteur devrait se donner en commandant un séminaire de réunions, c'est d'en faire diminuer la durée sinon le nombre. Pour en diminuer le nombre, il suffit souvent d'en améliorer la préparation, avant de lancer une convocation. Les réunions sont d'autant plus nombreuses qu'elles ne sont pas préparées et, fréquemment, préparer une réunion, c'est ou bien ne pas la faire ou bien la faire autrement, ou bien encore la repousser sous le prétexte que les conditions ne sont pas réunies pour que l'on obtienne ce qu'il est souhaitable d'obtenir.

L'apprentissage à tous les types de réunions doit se faire par jeux de rôle. Pourquoi ? Parce que l'on apprend à forger en forgeant et à écrire en écrivant, et non pas en écoutant quelqu'un discourir sur la littérature. De même, nous apprenons à conduire efficacement des réunions d'abord en en conduisant « pour de vrai » dans la réalité, et ensuite en en conduisant « pour de rire » dans un séminaire, avant d'y revenir pour de vrai. Toute formation s'effectue en alternance. Cela dit, les collaborateurs dont le responsable conduit bien ses réunions ont moins besoin de séminaires, il leur suffit de commencer par imiter.

Nous n'allons pas ici fournir les conseils pour monter et animer tous les séminaires de formation possibles pour tous les types de réunions possibles. Un exemple et le lecteur pourra généraliser ce cas à tous les autres. L'exemple retenu est celui de la réunion de service, parce que c'est le type de réunion que tous les responsables devraient tenir chaque semaine et qui sert, comme on dit, à « faire le point ».

Alors que les réunions de service devraient être des actes de responsabilité, elles sont souvent ennuyeuses et leur productivité est faible. Ceux qui en saisissent le mieux les enjeux sont ceux qui n'en tiennent pas, parce qu'elles leur font peur. Ils savent qu'ils ont à y perdre leur crédibilité. Dans une équipe, c'est l'un des moments cruciaux à la fois de contrôle et de suivi du cap, mais aussi d'intégration et de résolution des intérêts secondaires sous l'intérêt général.

## Monter un séminaire de réunions de service

Pour monter un séminaire de conduite de réunions, le formateur doit disposer de cinq éléments :

1. un cahier des charges ;
2. des objectifs de formation ;
3. un plan de déroulement ;
4. une dizaine de jeux de rôle appropriés ;
5. une liste des attentes supposées des futurs participants.

Le cahier des charges qui constitue la commande est généralement fourni par oral au formateur durant le premier entretien avec le client. Il devrait renseigner sur la population, fournir le référentiel de l'entreprise en matière de réunion de service, les écarts entre les pratiques et ce référentiel, et le projet de convocation envoyée aux participants. À partir de ce cahier des charges, le formateur peut écrire des jeux de rôle ou affiner ceux dont il dispose. Le formateur peut utiliser trois méthodes quand, comme c'est le cas généralement, le client fournit peu d'éléments.

Le premier moyen consiste à organiser une journée d'entretiens sur le thème des réunions, afin de saisir en quoi elles sont insatisfaisantes.

Le deuxième moyen consiste à proposer au client un référentiel commun sous la forme d'un ouvrage sur les réunions. On peut, dans une librairie, choisir n'importe lequel des ouvrages de consultants : ils se valent. Mais les clients n'aiment ni lire, ni que le consultant leur donne du travail. Le troisième moyen, le moins cher et le plus efficace, consiste à produire avec les participants un référentiel suffisant pour commencer. Pour produire un référentiel avec les participants, c'est-à-dire un ensemble suffisamment cohérent de normes, deux techniques peuvent être mises en œuvre : la première consiste à récolter les attentes des personnes ; la seconde consiste à proposer aux participants un exercice court durant la première matinée du séminaire.

Les formateurs ont l'habitude de rédiger des seconds rôles destinés aux participants des jeux de rôle de réunions. Cette pratique est dommageable à l'apprentissage. Depuis que la réunionite a saisi les organisations, les participants à un jeu de rôle de réunion trouvent d'autant plus spontanément toute l'imagination nécessaire que prendre un rôle de prétexte ressortit à la libération des affects et du malin plaisir.

## Attentes en matière de réunions de service

Pour simplifier la lecture, nous avons distingué les attentes qui ont plutôt trait à l'organisation et celles qui concernent la gestion et l'animation. Les premières donneront lieu à des conseils au fur et à mesure des jeux de rôle, puis à une synthèse ; les autres donneront lieu à des jeux de rôle. Beaucoup de questions byzantines s'évanouissent avec l'action, c'est-à-dire avec les jeux de rôle eux-mêmes. L'action ajustée modifie toujours la vision, c'est pourquoi il faut attendre l'intériorisation d'un certain nombre de normes, avant de répondre aux attentes. Dans un séminaire de deux jours, l'un des meilleurs moments pour y répondre se situe à la fin de la première journée : la nuit conforte le conseil.

## Attentes en matière d'organisation

1. Quelle est la bonne fréquence : chaque semaine, tous les quinze jours ?
2. Dois-je faire ma réunion de service avec mon équipe avant ou après la réunion de service où je suis moi-même collaborateur ?
3. Faut-il envoyer l'ordre du jour avant la réunion et, si oui, combien de jours avant ?
4. Faut-il dans l'ordre du jour affecter un temps limité à chaque point ?
5. Vaut-il mieux la faire le matin ou l'après-midi, en fin de semaine ou au début ?
6. Est-il bon de se caler par rapport au déjeuner de manière à ce que la réunion ne traîne pas et de manière à déjeuner ensemble ensuite ?
7. Faut-il fixer dès le début de l'année le calendrier de manière à ce que les gens se rendent disponibles par avance ?
8. Quelle est la bonne durée ? Deux heures ?
9. Qu'est-ce qui est préférable entre des réunions courtes et fréquentes, ou longues et moins fréquentes ?
10. La réunion de service est-elle une réunion d'information, montante et descendante, ou une réunion de décision ?
11. Comment peut-on faire le suivi des réunions de service ?
12. Et si un collaborateur veut voir traiter un point qui n'est pas à l'ordre du jour ?
13. Comment ne pas transformer une réunion en une suite d'entretiens individuels ?

# Attentes en matière d'animation

1. Dans quel cas faut-il faire un tour de table ?
2. Comment faire un bon tour de table ?
3. Comment (et faut-il, et pourquoi) faire parler tout le monde ?
4. Quand j'ai reçu une note de service de mon patron, faut-il que je la lise ?
5. Est-ce qu'on doit encourager les discussions entre collaborateurs ?
6. Comment faire taire un collaborateur qui parle beaucoup ?
7. Certains de mes collaborateurs arrivent toujours en retard et ça m'agace. Auriez-vous un truc à me conseiller pour qu'ils changent de comportement ?
8. Est-ce qu'on peut normer le temps dont je dois disposer et le temps en pourcentage dont il est bon que les collaborateurs disposent ?
9. Comment définiriez-vous la bonne attitude du responsable vis-à-vis de ses collaborateurs en réunion de service ?
10. Comment faire adhérer ses collaborateurs à des décisions venant d'en haut qui leur déplaisent et auxquelles quelquefois je n'adhère pas moi-même ?
11. Comment gérer le temps d'une réunion ?
12. Quand il y a une tâche peu plaisante, comment désigner des gens pour la faire ?
13. Peut-on brutalement arrêter une digression inutile ?
14. Pourriez-vous nous apporter des éclairages sur le fonctionnement des groupes durant les réunions ?
15. Doit-on conduire une réunion en fonction des objectifs du service ? Dans ce cas, il faudrait préalablement les définir ou les rappeler.
16. Vis-à-vis de mes collaborateurs, est-ce que la manière dont je gère ma réunion de service a une importance particulière ?

17. Qu'est-ce qui satisfait le plus un collaborateur dans une réunion de service ?
18. Pourriez-vous définir les différents types de réunions selon deux ou trois critères et nous montrer la place de la réunion de service par rapport à d'autres types de réunions ?
19. Dans mon équipe, j'ai des gens très hétérogènes quant aux missions et ça rend les réunions difficiles. Que faire ?
20. Je voudrais que certains de mes collaborateurs s'intéressent à ce que disent les autres, même si ça ne les concerne pas directement. Comment faire ?
21. Quand il y a un point délicat, vaut-il mieux le mettre à la fin de la réunion pour que ça ne déborde pas trop ou au début ?
22. Comment créer du consensus dans mon équipe ?
23. Comment puis-je m'assurer que mes réunions sont bonnes ?
24. Qui doit faire le compte rendu des réunions ? À qui le distribue-t-on et quand ?
25. Comment choisir les sujets à mettre à l'ordre du jour ? Et y a-t-il des astuces pour ordonner l'ordre du jour ?
26. Quand il reste un point important et qu'on a dépassé le temps, vaut-il mieux ne pas respecter le temps et continuer ou bien le remettre à la prochaine réunion ?
27. Est-ce que la place des collaborateurs a de l'importance par rapport aux éventuels conflits en réunion ?
28. Comment distinguer ce qui doit être traité en réunion de service et ce qui doit l'être en entretien ?

## Exercices de référentiel

On s'aperçoit que les gens savent relativement bien comment il faudrait conduire les réunions. Le problème, c'est qu'ils ne font pas. Il suffit donc presque de leur faire formuler les « y-a-qu'à » et de les contraindre à les respecter lors des jeux de rôle. Transformer les attentes et les points de vue des gens en règles de conduite sera la tâche du formateur.

L'exercice de référentiel qui est proposé ici fait gagner énergie et temps. Les résultats, recalibrés par le formateur, serviront de référentiel pour la durée du séminaire. De quoi s'agit-il ? Il s'agit de récolter le sentiment des participants eu égard à la réunion de service sur deux variables croisées : d'une part managers/managés et d'autre part satisfaction/insatisfaction. Les points de vue des participants sont collectés sur un tableau de papier qui a la forme suivante :

## La réunion de service

**Protocole d'animation** : l'exercice a pour but d'identifier les causes concrètes de satisfaction et d'insatisfaction des réunions de service selon que l'on est manager ou managé. L'exercice se fait en deux temps, d'abord un temps individuel (dix minutes), puis un temps de collecte du travail de groupe (quinze minutes).

Vous divisez d'abord le groupe en deux en distinguant les managés/managers de ceux qui ne sont que managés. Puis chaque groupe est divisé encore en deux en satisfaits et insatisfaits. Enfin, vous distribuez à chaque sous-groupe le document qui lui revient. Chacun des quatre sous-groupes ou chaque participant doit identifier au moins cinq causes de satisfaction ou d'insatisfaction des réunions de service. Il va de soi que la « scénarisation » des documents peut varier en fonction de l'inspiration du formateur.

1. La réunion de service M.S. (manager satisfait)

    **Vous êtes manager, vos managés sont très satisfaits** des réunions de service. Votre meilleur ami, qui est aussi un manager, est dans la situation inverse de la vôtre : ses managés sont très insatisfaits des réunions de service ; il le sait et il est très ennuyé. Votre ami vous a demandé de lui écrire cinq conseils pratiques et opérationnels pour lui permettre d'améliorer, d'une manière significative, ses réunions de service. **Écrivez-les :**

2. La réunion de service M.I. (manager insatisfait)
   **Vous êtes manager, vos managés sont très insatisfaits** de vos réunions de service. L'un de vos managés, avec qui vous avez d'excellentes relations, vous l'a fait remarquer courtoisement à plusieurs reprises. Tout cela vous ennuie et vous avez pris la décision, comme objectif personnel cette année, de réussir ces fameuses réunions de service, au travers desquelles vous savez bien que se joue une partie de votre crédibilité vis-à-vis de votre équipe. Quelles sont les cinq résolutions que vous prenez pour devenir efficace dans ce domaine ? **Écrivez-les :**

3. La réunion de service m.i. (managé insatisfait)
   **Vous êtes managé et insatisfait,** comme vos collègues, des réunions de service de votre manager. Mais il se trouve par ailleurs que vous avez d'excellentes relations avec votre manager que vous considérez comme un ami. L'autre jour, alors que vous déjeuniez tous les deux au restaurant, il vous a fait part de ce souci ; il se rend bien compte, comme vous, qu'une partie de sa crédibilité de manager se joue, hélas, dans ses fameuses réunions de service. Il vous a demandé votre aide et vous vous êtes engagé à lui fournir, par écrit, cinq conseils pratiques et opérationnels pour lui permettre d'améliorer d'une manière significative ses réunions de service. **Écrivez-les :**

4. La réunion de service m.s. (managé satisfait)
   **Vous êtes managé et satisfait** des réunions de service de votre manager. Votre meilleur ami est manager ; ses réunions de service ne vont pas du tout ; il vous en a parlé à plusieurs reprises comme d'un véritable souci.

Par amitié pour lui, vous vous êtes engagé à lui communiquer par écrit cinq conseils pratiques et opérationnels pour lui permettre d'améliorer d'une manière significative ses réunions de service. **Écrivez-les** :

## Convocation à un séminaire de conduite de réunion

Convocation

Séminaire de réunion de service

Population : tout manager.

Objectif : s'entraîner pour faire en sorte que la réunion de service soit un acte de management décisionnel.

Éléments de programme : typologie des réunions ; préparation de la réunion de service ; le management de l'équipe ; les objectifs et le tableau de bord dans la réunion de service ; le suivi de la réunion de service.

Méthodes : exposés-discussions, jeux de rôle, magnétoscope.

Durée du séminaire : 2 jours.

*8*

# Comment monter un séminaire sur la relation client/ fournisseur ?

## *La demande du directeur des systèmes d'information*

Le directeur, nord-américain, des systèmes d'information et de communication (DSI) d'une entreprise française de plus de 100 000 personnes, implantée sur trois continents, leader mondial sur son marché, dispose de remontées d'insatisfaction des relations que les informaticiens entretiennent avec les clients internes. Il souhaite que durant son séminaire bi-annuel de comité de direction élargi à trente personnes pendant deux jours, vous co-animiez avec lui une journée sur ce thème. Sa condition est que cette journée soit pertinente, mais ludique. Vous comprenez par « ludique » qu'il faut que les informaticiens acceptent de rire d'eux-mêmes plutôt que des clients internes.

# *Votre proposition et vos conditions pour assurer le succès*

Vous lui proposez d'abord un audit sous la forme de douze entretiens, moitié d'informaticiens, moitié de clients internes. Vous lui demandez de choisir les personnes interrogées parmi les plus crédibles. Vous lui proposez une journée de jeux de rôle parce que rien ne se rapproche plus de la réalité que ce type de simulations. Vous lui demandez de vous fournir deux personnes chargées de valider la pertinence des jeux de rôle que vous écrirez. Vous lui demandez enfin les différents documents régissant les relations entre les clients internes et sa direction. Vous venez avec un second consultant, mais vous avez aussi requis l'aide du responsable de formation de la direction des systèmes d'information comme observateur, afin qu'il identifie avec vous les besoins de formation qui pourraient apparaître dans la journée. Cet audit donne les douze jeux de rôle proposés ci-après, dans lesquels c'est toujours l'informaticien qui est l'analysé. Vous disposez d'une matrice de jeu de rôle n° 13 au cas où une idée vous viendrait au cours de la journée. Vous obtenez que tous les téléphones portables soient basculés sur le secrétariat de la DSI, que le déjeuner ait lieu dans la salle par plateaux-repas sans vin et non pas au restaurant.

Vous avez une opinion sur ces dysfonctionnements. Vous n'en dites rien à votre client. Vous attendez les jeux de rôle pour la valider et pour que le directeur s'en rende compte de lui-même. Certes, il y a une contradiction structurelle entre centre de profit et centre de coût. Certes les non-informaticiens ont une conception presse-bouton de l'informatique, ça doit marcher comme une automobile sans se préoccuper du moteur ; encore qu'un cadre en connaît beaucoup plus sur son automobile qu'il en connaît sur l'informatique. Certes, l'informatique est un centre de coût, mais un système d'informations et de communication peut être considéré aussi comme l'outil de production majeur d'une entreprise. Les gens du business passent leur temps à travailler avec des gens qui ne sont pas de leur monde, les clients, tandis que les informaticiens vivent entre eux, avec leur jargon, fiers de leur technique, et pensent que les gens du business ne sont que des commerçants. La mortaise se moque du tenon. Original ! On ne demande jamais d'où vient l'argent de son salaire.

## Déroulement du séminaire

Vous dînez la veille du séminaire avec le directeur qui avoue être bavard. Il vous serait reconnaissant de le couper s'il prenait trop de temps durant les évaluations. Pour vous mettre dans le bain, vous assistez à la première journée du séminaire qui ne vous concerne pas. Tout cela se passe en anglais. Sur trente personnes, quinze Français, le reste se partageant en sept nationalités.

### Premier exercice

Pour vous assurer d'une bonne compréhension de la situation, vous commencez la journée en faisant remplir aux trente personnes un document de cinq questions. Votre collaborateur aura synthétisé ces trente documents pour la pause du matin et vous la commenterez avec le directeur, votre client, de manière à réorienter, s'il le fallait, l'organisation de la journée.

1. Quels sont les quatre reproches, ordonnés de 1 à 4 en fonction de la fréquence, qui vous sont adressés par vos clients internes ?

   1 :

   2 :

   3 :

   4 :

2. Parmi ces 4, donnez le numéro de ceux qui vous semblent des reproches légitimes. En quoi sont-ils légitimes ?

3. Parmi ces 4, donnez le numéro de ceux qui vous semblent des reproches illégitimes. En quoi sont-ils illégitimes ?

4. Que pourriez-vous faire pour améliorer nettement vos relations avec vos clients internes, vu que vous êtes l'une des directions les plus mal classées en matière de satisfaction et de services rendus ? Parmi ces améliorations, quelle serait la plus rapide et la moins coûteuse à mettre en œuvre de manière à vous positionner en six mois dans les cinq premières directions en matière de satisfaction et de services rendus ?

5. Que souhaitez-vous ajouter à ce questionnaire ?

## Second exercice

Vous demandez à trois informaticiens tirés au sort de présenter et la direction informatique et la façon dont les clients internes peuvent et doivent travailler avec elle pour un public de jeunes embauchés de niveau ingénieur. Vous recommandez au groupe de ne faire aucun commentaire, mais de prendre des notes sur deux colonnes : les points forts et les points à améliorer. Un bilan sera fait au bout des trois passages. Le groupe accepte que vous jouiez le rôle de ce jeune ingénieur.

Le résultat est clair : aucun des trois exposés n'est identique. Aucun discours n'est clair. Vous avez seize questions à poser aux trois directeurs. Neuf sont des questions de clarification qui portent sur le vocabulaire utilisé. Le vocabulaire employé est trop spécialisé ou jamais expliqué. Au bout de trois exposés, c'est le silence. Le jeune ingénieur que vous jouez n'aurait, en toute bonne foi, pas compris comment il peut travailler avec la direction des systèmes d'information. La présentation de la DSI n'est claire que pour ceux qui la connaissent déjà et qui font fonctionner mentalement une sorte de logiciel de reconnaissance des formes. Les trois orateurs sont bien sûr trois directeurs. Vous posez vos seize questions à la suite sans demander de réponses. Il faut que quelqu'un dise : « Le roi est nu. » C'est votre rôle de le dire et de le dire avec suffisamment de bienveillance et d'humour pour que « ça passe ». Il faut que quelqu'un le dise pour libérer la parole.

Il serait normal que les trois directeurs tirés au sort tiennent *grosso modo* le même discours et que ces discours soient compréhensibles par une personne qui ne connaîtrait pas l'entreprise. Vous estimez que le groupe, divisé en sous-groupes, pourrait passer la matinée à construire ce double exposé de vingt minutes. Ce qui est fait est fait. Mais le problème des relations entre clients et fournisseurs ne serait qu'effleuré. Et surtout vous pensez qu'en une journée, un problème de cette nature ne peut pas être résolu, que ce serait déjà un grand succès qu'il soit circonscrit et nommé.

Vous proposez alors de passer aux jeux de rôle pour examiner comment les informaticiens sont capables à la fois d'entendre les clients et de faire comprendre à ces mêmes clients que l'informatique a ses contraintes propres. Il ne sert à rien de pester contre une voiture qui ne démarre pas alors que son réservoir est vide. Toute cette journée va montrer une seule chose : qu'à la fois, les informaticiens ont une certaine arrogance, qu'ils vivent dans un monde relativement clos, mais qu'ils se « couchent » tout de suite devant un client mécontent, comme s'ils étaient incapables de défendre leur « bout de gras ». Votre client est un opérationnel impatient et une grande partie de votre énergie de la journée consistera, avec un succès faible, à lui faire distinguer diagnostic et thérapeutique. Quoique longues, ses analyses et évaluations sont pertinentes. La journée est un succès. En une journée, vous avez collecté un matériel considérable, le DSI vous demandera une analyse de cette journée et des recommandations. Les jeux de rôle sont joués au fur et à mesure par les directeurs tirés au sort. Ils préparent peu leur rôle, ils s'y reconnaissent immédiatement. Ceux qui ne sont pas joués faute de temps sont utilisés comme études de cas.

# N° 1 : *délicat comité de pilotage*

*– Réunion.*

*– L'informaticien a l'initiative.*

**Document « analysé »**

**L'informaticien :** responsable de projet, vous commencez d'animer un comité de pilotage ordinaire avec trois clients internes. Bien sûr, votre projet est sous-staffé. On a jugé en haut lieu que deux de vos collaborateurs étaient indispensables sur un autre projet plus prioritaire. Bon, il y aura du retard. Ce n'est pas aux clients de juger des ressources sur un projet. Ce n'est tout de même pas de votre faute si la DSI en prend plus qu'elle ne peut en faire. Heureusement, votre responsable direct est dans la réunion. Votre objectif dans cette réunion est de faire prendre une décision, par exemple la réduction des fonctionnalités ou autres, pour que vous vous sortiez bien de la difficulté où vous vous trouvez.

.................................................................................

*– Réunion.*

*– L'informaticien a l'initiative.*

**Document « prétexte »**

Vous êtes membres d'un comité de pilotage. Vous écoutez le chef de projet DSI.

**Le client n° 1 :** le projet sera-t-il livré à temps ? Oui ou non ? Vous n'avez pas le sentiment d'être traité comme un client.

**Le client n° 2 :** si le projet pouvait avoir de retard, on basculerait les coûts sur l'année prochaine et ce ne serait pas plus mal.

**Le client n° 3 :** vous êtes le responsable direct de l'informaticien qui conduit la réunion. Vous savez que deux personnes ont été retirées du projet. Mais finalement, si les gens travaillaient mieux, ils feraient le projet même avec deux personnes en moins. Mais ça, comme ils ne veulent jamais le reconnaître, ce n'est pas la peine d'en parler. L'occasion est bonne pour vous de voir comment votre chef de projet va s'en sortir. Après tout, il est chef de projet, oui ou non ?

# N° 2 : *à qui est la priorité ?*

– *Entretien.*

– *L'informaticien parle en premier.*

**L'informaticien** : vous avez demandé un entretien à un client pour lui annoncer que son projet n'avait pas été retenu comme prioritaire par le comité de gouvernance. Vous êtes gêné. Votre client est quelqu'un de haut placé dans la hiérarchie de la *supply chain*. Vous trouvez que, tout de même, les patrons devraient s'arranger entre eux et qu'on vous donne un sale boulot. Mais il y a une règle et vous devez l'annoncer. L'un de vos collègues qui est membre du comité de gouvernance vous a donné des explications que vous avez trouvées confuses.

...................................................................................

**Le client** (*senior manager supply chain*) : vous avez fait une demande de logiciel. Et vous trouvez que le démarrage est long. Heureusement, votre correspondant à la DSI vous a demandé un entretien. Vous n'êtes pas très content d'avoir en face de vous quelqu'un d'assez compétent certes, mais enfin qui n'occupe pas au sein de la DSI une position comparable à la vôtre.

# N° 3 : *l'annonce faite au client*

*– Entretien.*

*– Le client parle en premier.*

**L'informaticien** : vous êtes convoqué par un client du contrôle de gestion qui, pour un non-informaticien, connaît assez bien la technique. Il vous a fait une demande très renseignée que vous n'avez pas mise dans le « tuyau », parce que vous savez très bien qu'elle ne correspond pas au mode de fonctionnement qui régit les relations entre la DSI et les utilisateurs. La solution qu'il envisage n'entre pas dans les prescriptions de l'architecture et de plus, il n'est pas de sa responsabilité de choisir lui-même la solution. Va-t-il vous comprendre ?

...........................................................................

**Le client** : vous appartenez au contrôle de gestion, mais vous avez une bonne connaissance de l'informatique pour quelqu'un qui n'est pas informaticien d'origine. Vous avez fait une demande très renseignée d'une solution dont vous avez besoin. Ne voyant rien venir, vous avez convoqué dans votre bureau l'informaticien de la DSI qu'on vous a donné comme correspondant. Vous trouvez que ça devrait aller d'autant plus vite que vous avez mâché le travail.

# N° 4 : *le dysfonctionnement continue*

*– Entretien.*

*– Le client parle en premier.*

**L'informaticien :** vous êtes appelé par un client dans son bureau. Il se plaint qu'une fonctionnalité ne marche pas sur son poste de travail. Il a ajouté que ce dysfonctionnement était caractéristique et récurrent. Vous espérez que ce n'est pas le dysfonctionnement que tout le monde connaît à la DSI et auquel on ne fait rien parce que l'application qui date du déluge n'est pas renseignée et que très peu de gens s'en servent.

..............................................................................

**Le client :** vous êtes agacé de ne pas pouvoir travailler comme vous l'entendez. Votre poste de travail a un dysfonctionnement caractéristique et récurrent. Vous perdez du temps et vous ne comprenez pas pourquoi la maintenance applicative ne fait pas son travail, surtout pour un truc aussi simple et élémentaire.

## N° 5 : *la faute au fournisseur*

*– Entretien.*

*– Le client parle en premier.*

**L'informaticien :** l'un de vos fournisseurs n'a pas livré à temps une solution attendue. Et vous savez que ce retard va avoir un impact fort sur la satisfaction du client. À son initiative, vous avez un entretien de routine avec lui. Mais comment lui dire qu'il ne sera pas livré à temps ? Après tout, c'est la faute du fournisseur !

...........................................................................

**Le client :** à votre initiative, vous avez un entretien avec votre correspondant à la DSI. Vous avez un grand programme à lancer et jusqu'à présent vous êtes plutôt content de la DSI, qui a confié la plus importante de vos solutions à un fournisseur extérieur. Comme ça, il n'y aura pas de problème. Cet entretien a pour but de vérifier que tout se passe bien.

# N° 6 : *vive les règles !*

*– Réunion.*

*– Le directeur parle en premier.*

**Le directeur DSI :** vous êtes le directeur de DSI et vous commencez à être fatigué d'entendre dire que les utilisateurs sont mécontents de vos services. Avant d'envisager quoi que ce soit, vous souhaitez rappeler à votre comité de direction un minimum de règles de fonctionnement entre la DSI et les utilisateurs. Et pour être sûr de votre fait, plutôt que de répéter les règles, vous demandez à chacun des membres du comité de vous en énoncer au moins une. Comme ça, ils verront bien qu'ils les connaissent, que c'est leur rôle de les faire appliquer par leurs équipes et de les communiquer aux utilisateurs.

.......................................................................................

Durant un comité de direction de DSI, votre directeur demande à chacun d'entre vous d'énoncer une règle de fonctionnement entre la DSI et les services utilisateurs :

***Membre du comité de direction n° 1 :***

*Membre du comité de direction n° 2 :*

*Membre du comité de direction n° 3 :*

*Membre du comité de direction n° 4 :*

*Membre du comité de direction n° 5 :*

*Membre du comité de direction n° 6 :*

*Membre du comité de direction n° 7 :*

*Membre du comité de direction n° 8 :*

*Membre du comité de direction n° 9 :*

*Membre du comité de direction n° 10 :*

# N° 7 : *le cœur net*

*– Réunion.*

*– L'informaticien parle en premier.*

**L'informaticien :** vous êtes persuadé que si la DSI ne travaille pas mieux avec les services utilisateurs, c'est qu'elle n'a pas réellement pris en compte leurs mécontentements et que les règles du jeu entre la DSI et les utilisateurs ne sont ni formalisées ni connues. Vous avez le sentiment ou bien qu'il faudrait rédiger et diffuser une charte des relations entre la DSI et les utilisateurs, ou bien qu'il faudrait monter un séminaire d'un ou deux jours pour expliquer les contraintes et les objectifs propres à la DSI que les utilisateurs ne connaissent pas. Pour ce faire, vous avez invité cinq clients à une réunion de manière à ce qu'ils vous disent ce qui ne va pas, ce qu'ils ne comprennent pas et comment vous pourriez faire les uns et les autres pour coopérer mieux. Bref, vous voulez enfin en avoir le cœur net. Vous voulez collecter des idées pour un comité de direction de DSI.

...........................................................................

Un membre du comité de direction de DSI vous invite à une réunion pour connaître l'état de satisfaction des clients : postes de travail et nouvelles solutions. Pour une fois, vous n'allez pas vous gêner. Et puis ça sera profitable à tout le monde.

**Le client n° 1 :** le jargon de DSI est incompréhensible. Vous nous dites : on sait ce qu'il vous faut, mais nous sommes noyés sous le verbiage. Votre truc est emballé et vous êtes contents. Une étude d'architecture, c'est quoi ? Je n'y ai jamais rien compris. Vous nous donnez des documents de dix pages que je ne lis pas. Faut se les fader !

**Le client n° 2 :** je ne connais pas la DSI et si je voulais la connaître, je ne sais pas comment je ferais. Dans tous les autres domaines, je sais exactement comment m'informer.

**Le client n° 3 :** je reconnais que ma culture informatique du business est faible. Mais à qui la faute ? Vous n'avez pas réussi à nous former. Avec votre vocabulaire, je dis oui par lassitude et je n'ai rien compris. On n'a pas le réflexe de vous parler produits, on ne sait pas si ça va vous intéresser. Vous avez la crédibilité de votre domaine. Mais nous avons tout de même l'impression que vous vous professionnalisez par PowerPoint. C'est faible !

**Le client n° 4 :** je ne vous parle pas des postes de travail parce qu'il y aurait beaucoup à dire.

**Le client n° 5 :** vous ne savez pas ce qui nous fait progresser ou régresser sur un marché. Vous ne faites pas l'effort. Vous êtes trop loin du terrain. Quelqu'un pourrait passer sa vie à la DSI sans jamais connaître la moindre chose à ce que nous vendons. Vous et nous, deux domaines, petite intersection.

## N° 8 : *architecture, vous avez dit « architecture » ?*

– *Entretien.*

– *L'informaticien parle en premier.*

**L'informaticien :** un client senior manager vient de vous exprimer un besoin. Et vous lui répondez que vous allez lui faire une étude d'architecture.

......................................................................................................

**Le client** (*senior manager*) : vous exprimez un besoin à un informaticien de la DSI et il vous répond qu'il va vous faire une étude d'architecture. Vous n'avez jamais compris de quoi il s'agissait avec l'architecture. Et vous avez l'impression que l'informatique est toujours en travaux. Vous lui posez la question, avec une légère agressivité : « Pourriez-vous me dire au juste ce qu'est une étude d'architecture et en quoi ça peut bien m'intéresser ? Et si possible dans un langage compréhensible ! »

# N° 9 : *encore IBM ! Je vous plains !*

– *Entretien.*

– *Le client a l'initiative.*

**L'informaticien** : durant un entretien, un client vous dit qu'il compatit avec vous et avec la DSI d'avoir un fournisseur comme IBM, avec qui les relations sont toujours aussi compliquées et difficiles.

......................................................................................................

– *Entretien.*

– *Le client a l'initiative.*

**Le client** (*senior manager*) : durant un entretien, vous dites à votre correspondant de la DSI que les relations avec IBM sont toujours aussi compliquées et difficiles. Vous plaignez la DSI d'avoir un tel fournisseur.

# N° 10 : *l'insulte*

– *Entretien.*

– *Le client a l'initiative.*

**L'informaticien** : vous rencontrez par hasard, dans un couloir du siège, un directeur d'usine qui est de passage. Devant l'un de ses collaborateurs, il vous insulte franchement à haute voix en employant des mots vulgaires et grossiers pour expliquer que la DSI n'est ni plus ni moins que de la m... et que vous êtes le plus « m... » (oui ! oui !) de toute la DSI. Que faites-vous ?

............................................................................................

– *Entretien.*

– *Le client a l'initiative.*

**Le client** (directeur d'usine) : vous avez monté la première usine en Chine, qui marche très bien. Grand technicien, vous êtes connu aussi comme baroudeur. De passage au siège, dans un couloir alors que vous parlez avec l'un de vos collaborateurs, vous rencontrez le responsable de votre correspondant DSI qui fait partie du comité de direction. Enfin ! Vous l'insultez tellement vous en avez marre de l'informatique DSI. Vous lui dites qu'il dirige une équipe de m... et qu'il est le plus m... de cette équipe de m... Non mais franchement ! Mais pour qui se prennent-ils ceux-là ! Vous espérez qu'il aura bien compris !

# N° 11 : *Russie contre France*

*– Entretien.*

*– Le client a l'initiative.*

**L'informaticien :** vous êtes convoqué par le directeur d'une usine en construction en Russie ; celui-ci est de passage au siège. Vous êtes toujours rigoureux et discipliné avec la politique de la DSI. Et vous avez de l'estime pour ce directeur dont vous êtes le correspondant.

...................................................................................................................

*– Entretien.*

*– Le client a l'initiative.*

**Le client** (senior manager directeur d'usine) : vous êtes directeur d'une usine en construction en Russie. Vous avez fait une demande d'application à la DSI. Durant un entretien, vous dites à votre correspondant de DSI que l'application de la DSI qui vous convient est certainement performante, mais qu'elle n'entre pas dans votre budget. Vous disposez sur place d'un fournisseur cinq fois moins cher et très disponible. Vous pensez qu'au nom de l'entreprise, il faut être raisonnable et que l'important, c'est la rentabilité. Après tout, la DSI n'est pas une société de services censée vendre ses produits. Qu'on vous laisse donc faire !

# N° 12 : *Palm, non académique !*

*– Entretien.*

*– Le client a l'initiative.*

**L'informaticien :** simple chef de projet au *help desk*, vous êtes convoqué par un membre du comité de direction furieux. Il vient d'acheter un Palm à la Fnac qu'il n'arrive pas à connecter avec son ordinateur portable. Vous lui avez demandé la marque. Vous devez lui expliquer qu'il n'est pas recommandé dans la liste éditée par la DSI, que cette machine n'est pas connectable et qu'à cause de ça, son achat ne peut pas être pris en charge par l'entreprise.

.......................................................................................

**Le client** (membre du comité de direction de l'entreprise) : la DSI se vante d'avoir l'une des meilleures informatiques du monde. Vous, non seulement vous constatez qu'elle est chère et compliquée, mais qu'en plus elle n'est pas performante. La preuve : vous venez de vous offrir à la Fnac, aux frais de l'entreprise – c'est dans vos prérogatives –, un petit bijou de Palm qui fait téléphone, appareil photo, baladeur, et sur lequel tous vos mails devraient aboutir. Manque de chance, vous n'arrivez pas à vous connecter sur votre portable. On va vous arranger ça vite fait. Vous venez d'appeler sèchement un chef de projet du *help desk* qui frappe à la porte de votre bureau.

## Exemples de jeux de rôle où les informaticiens échouent

- ❖ **N° 1 : délicat comité de pilotage.** Plutôt que de dire que dans toute entreprise, les ressources sont structurellement rares par rapport aux demandes de budget, provoqué par le client, l'informaticien accepte de reconnaître que son projet manque d'ingénieurs.

- ❖ **N° 2 : à qui est la priorité ?** L'informaticien essaye de noyer le poisson plutôt que de dire tout de suite et clairement que le projet n'est pas une priorité. Et puisque son interlocuteur est un senior management de supply chain, plus haut que lui dans la hiérarchie, il ne lui conseille pas, pour la prochaine fois, de demander un entretien avec le DSI pour savoir si son projet a des chances d'être retenu ou non.

- ❖ **N° 5 : la faute au fournisseur.** Plutôt que de prendre la faute sur lui puisqu'il gère la relation avec le fournisseur, l'informaticien rejette la faute sur le fournisseur.

- ❖ **N° 8 : architecture, vous avez dit « architecture » ?** La définition que donne l'informaticien de l'architecture est incompréhensible. Le formateur fait un test après le jeu de rôle. Sept directeurs écrivent sur un morceau de papier ce que signifie « architecture ». Aucune des sept définitions n'est identique.

- ❖ **N° 9 : encore IBM ! Je vous plains !** Provoqué par le client, l'informaticien tombe dans le piège et critique IBM.

- ❖ **N° 10 : l'insulte.** Au lieu de demander calmement au directeur d'usine de répéter l'insulte reçue, l'informaticien ne répond rien. Généralement, dans une entreprise, demander à quelqu'un de répéter une insulte lui fait automatiquement comprendre qu'il a dépassé les bornes.

9

# Comment monter une convention avec des jeux de rôle ?

PAR CATHERINE HOYEZ, DIRECTRICE DE PYRAMIS, ET FRANÇOIS PROUST

## Le contexte de la convention

La direction d'une importante entreprise publique de distribution nous demande d'organiser et d'animer sa convention annuelle. Pendant deux jours, les cent directeurs d'unité sont appelés à débattre de leur métier et de ses évolutions. Le contexte de l'entreprise est, cette année-là, caractérisé par la préparation à la déréglementation. L'ouverture des marchés européens impose une compétitivité plus exigeante et une plus forte réactivité.

Ces changements vont impacter directement le management des unités et plus particulièrement le métier des directeurs : ouverture sur l'extérieur, clients autrefois usagers, collectivités locales, partenaires ;

pilotage plus rigoureux de la performance, partage des ressources avec les unités voisines pour plus d'efficacité à moindre coût ; projet social attractif et mobilisateur. Autant de voies qui, sans être toutes radicalement nouvelles, conduisent à une évolution du périmètre du métier et à un changement de rythme. Et surtout, ce qui auparavant était distribué de manière marchande doit maintenant être vendu. Les usagers deviennent des clients qui ont le choix.

La demande du client est donc d'élaborer une représentation collective des composantes principales du métier de directeur d'unité et, citons le cahier des charges, de « faire identifier par les directeurs les écarts de pratique dans le métier de manager, de faire prendre conscience à chacun d'eux des changements à opérer à son propre niveau », de permettre « l'implication personnelle du plus grand nombre ». Comment travailler en tant que directeurs d'unité demain ? Sur quoi concentrer les efforts ? À quoi leurs performances seront-elles jugées ? Qu'est-ce qui sera essentiel dans leur métier ? Que feront-ils en plus ou en moins ? Devront-ils avoir une meilleure connaissance de l'unité, de son tissu économique et social et de son environnement ? Que feront-ils différemment avec les « clients », les élus, les collaborateurs ? Et comment le feront-ils ? Quelles seront leurs relations avec le niveau national et avec les autres unités ? Comment joueront-ils l'effet « groupe » ? Comment se comporteront-ils dans leur unité, avec leur équipe de direction, avec les salariés, et les syndicats ? Une autre série de questions se pose aussi en abordant les interrogations personnelles : serai-je capable d'évoluer dans cette voie ? Ai-je le bon profil ? Cela m'intéresse-t-il ? Où cela me conduit-il ? Que faire pour m'adapter ? Sur quels soutiens puis-je compter ?

## *La proposition ? Les jeux de rôle*

Comme le climat est à l'incertitude et qu'il s'agit d'une conduite du changement vue du côté des hommes et du métier, et non du côté du processus, le directeur général adjoint souhaite que la convention soit ludique. Pour satisfaire cette demande, nous avons proposé l'utilisation de jeux de rôle à la fois comme mode d'expression des directeurs et comme mode d'animation d'une journée de cette convention. Bon moyen pour :

- installer un climat qui facilite l'expression, la liberté de parole, l'échange et l'implication personnelle sur les vrais sujets, les difficultés, les points critiques, tant du côté des directeurs que du côté de la direction ;

- permettre aux directeurs de s'entraîner à des aspects de leur nouveau rôle en simulant les comportements à avoir et les recommandations à transmettre à l'ensemble de leur personnel ;

- faire en sorte que les directeurs expriment leurs craintes et soient écoutés par une direction bienveillante, empathique, positive, qui reconnaisse la complexité des situations vécues par les directeurs sur le terrain, et qui aide aux évolutions ;

- construire entre direction et directeurs d'unités une représentation partagée du rôle et des missions d'un patron d'entité.

Cette approche suppose que les thèmes traités soient directement en lien avec la vie de tous les jours dans les unités, et qu'une certaine intimité permette de les aborder simplement.

Un nouvel usage des jeux de rôle permet d'impliquer un grand nombre des participants, et dans la préparation, et dans le jeu lui-même, et dans les évaluations. Notre objectif est que tous les directeurs d'unité s'expriment, à un moment ou à un autre, devant leurs pairs et leur direction.

Un choix méthodologique de cette nature implique un niveau d'engagement des participants plus élevé peut-être que d'habitude, puisqu'il ne s'agit pas seulement pour eux d'assister en spectateurs à la convention mais de s'exposer.

Quand dix groupes de deux à dix personnes s'exposent tour à tour devant cent autres qui sont leurs collègues de travail, l'évaluation des jeux de rôle n'a pas la même signification que dans un séminaire de formation. Nous avions donc recommandé à la direction générale d'être suffisamment subtile pour d'abord entendre et écouter les préoccupations des cent directeurs d'unités, d'en comprendre la signification, et de faire des suggestions après chaque saynète qui soit de l'ordre de la relation d'aide. Ce qui n'était pas vraiment dans la culture de cette entreprise. De toute manière, la consultante responsable de l'animation, la directrice de Pyramis, était sur scène pour rectifier sur-le-champ tout dérapage.

Le déroulement de la journée a été marqué par trois choses : libération de la parole, c'est-à-dire le contraire de la langue de bois, émotion partagée par la salle, due au courage qu'il faut pour s'exposer, délicatesse de la direction générale, capable d'exprimer son point de vue sans que jamais personne ne se sente froissé d'avoir participé. En somme, une sorte de thérapie bienveillante, un moment de grâce.

## Le déroulement

### Préparation des jeux de rôle

Les jeux de rôle sont identifiés et sélectionnés avant la convention grâce à un questionnaire adressé à l'ensemble des participants et à des entretiens avec des directeurs d'unité. Un groupe de pilotage valide les scénarios.

Pyramis propose qu'un mois avant la convention, les directeurs d'unité soient informés du déroulement de la matinée et avertis des thèmes sur lesquels ils seraient susceptibles d'intervenir comme acteurs de jeu de rôle. Dans le dispositif proposé, tous les directeurs étaient des acteurs en puissance puisque leur participation serait déterminée le jour J. Ainsi, chacun, seul ou avec ses collaborateurs, devait se sentir stimulé pour préparer les différentes situations : étude de dossiers, mise au point d'argumentaires, rencontres d'interlocuteurs dans l'unité, etc.

### Une séance en trois temps

La matinée condense une journée de directeur d'unité. Quatre situations, représentatives des préoccupations des directeurs concernant leur métier, sont traitées en jeux de rôle.

❖ Un premier temps en plénière explique et lance le dispositif. Tous les thèmes sont présentés, un scénario de jeu de rôle est expliqué, trois ou quatre dessins humoristiques sont projetés pour camper la situation. Ensuite, le consultant, animateur de la plénière, explique la méthode et les règles du jeu.

❖ Un deuxième temps de travail en ateliers. Les participants se répartissent en dix groupes de dix pour préparer ces jeux de rôle. Chaque atelier est animé par un consultant. Deux situations sont débattues en atelier. Ensuite, les participants préparent la plénière : un jeu de rôle différent pour chaque atelier à partir d'une situation définie, et un jeu de rôle commun à tous les ateliers. Le groupe qui le jouera sera tiré au sort. Les échanges enrichissent le contenu des rôles. Les participants imaginent une mise en scène, puis décident qui, parmi eux, jouera tel ou tel rôle. Certains ateliers s'arrangent pour que tous soient acteurs.

❖ Troisième temps, l'après-midi : retour en plénière. Les participants se retrouvent dans l'amphithéâtre. Chaque groupe interprète le jeu de rôle préparé. Tous les participants de l'atelier sont sur scène pour encourager leurs camarades. L'animateur de la séance organise l'exploitation de chaque jeu de rôle en veillant à en varier la forme. Il interroge sur scène les directeurs d'unité qui ont préparé le sujet, puis les autres directeurs d'unité dans la salle, et enfin fait réagir les membres de la direction générale. Comme annoncé pendant les ateliers, une cinquième situation, préparée par tous, est tirée au sort et jouée par un groupe.

## Les jeux de rôle

Les jeux de rôle sont construits autour de quatre thèmes. Chacun représente les quatre missions essentielles attendues des directeurs : porteur de la légitimité, manager du social, acteur du développement, intégrateur.

## Toujours plus !

Un directeur d'unité reçoit son supérieur hiérarchique avant la rencontre annuelle avec l'équipe de direction. Le supérieur a l'intention de tenir un discours musclé sur la nécessité de la productivité. Le directeur d'unité n'est pas convaincu que « parler vrai » soit « parler brutalement ». Le directeur d'unité veut convaincre son chef de la nécessité de prendre en compte le facteur humain dans ce changement.

## Tous vers l'extérieur

Un directeur réunit son comité de direction pour évoquer la nécessité de ne pas se tromper de priorité. Malgré la charge de travail de chacun dans son domaine respectif, le repérage et la rencontre des grands comptes sont une priorité pour tous.

## Travaillons avec nos voisins

Un directeur d'unité rencontre ses agents commerciaux pour leur présenter la décision de mutualisation avec l'unité voisine. Il attend d'eux des idées sur quoi et comment mutualiser pour faire baisser les coûts.

## La lettre de cadrage

Un directeur cherche à convaincre son comité de direction des objectifs d'une lettre de cadrage plus ambitieuse que le plan stratégique d'unité vieux de deux ans.

## Gérer les priorités

Un directeur d'unité débat avec ses proches collaborateurs. Ils regrettent qu'il ne soit pas présent dans les instances de direction régionales, dans les rencontres avec ouvriers, avec les commerciaux, etc.

## Le consensus social

Un directeur veut faire bouger son équipe de direction et rappelle que les objectifs de productivité sont inaccessibles sans la mise en œuvre de l'accord d'entreprise et d'un nouveau style de relations avec les partenaires sociaux.

# Bilan

Dans une période de transition délicate, cette formule originale de travail en grand groupe a permis d'aborder en peu de temps de nombreux thèmes.

Les directeurs d'unité ont, grâce à la forme des jeux de rôle, pu faire passer beaucoup de messages à leur direction générale et aux membres du comité de direction, le jeu facilitant l'expression de difficultés ou de résistances. En ce sens, la méthode est un accélérateur du changement efficace.

Les membres de la direction se sont retrouvés dans une posture assez inhabituelle : spectateurs à l'écoute de leurs collaborateurs, observateurs attentifs du dit et du non-dit, ils ont appris. L'impact de leur communication a été fort, car ils ont pu spécifier les informations qui leur semblaient importantes en réaction à ce qu'ils entendaient et observaient.

Tous ont échangé avec profondeur et clarté. Chacun a éprouvé du plaisir à jouer avec les autres.

*10*

# Comment coacher avec des jeux de rôle ?

Durant l'évaluation d'un jeu de rôle, le formateur travaille en même temps avec le groupe des observateurs, avec les deux personnes qui viennent de simuler, et avec une personne, celle qui a joué le rôle de l'analysé. Le formateur est un enseignant « professeur » disait-on avant quand il propose des connaissances ; il fait de la **relation d'aide** quand il met en place un dispositif propre à faire progresser une personne. Pratiquer la relation d'aide est ce que l'on appelle aujourd'hui « coaching ». Qu'est-ce que le coaching ? Le coaching est une situation pédagogique duelle par laquelle un formateur vient en aide à une personne pour lui permettre d'accomplir une performance (s'accomplir) ou d'incorporer une capacité ou une compétence que cette personne estime souhaitable d'acquérir. Les méthodes sont nombreuses. Elles ont été classées en actives ou passives, centrées sur le savoir (*teaching*) ou centrées sur l'étudiant ou apprenant (*learning*), etc. Le jeu de rôle est, bien sûr, une méthode active, centrée sur l'apprenant, donc du genre *learning*, qui convient bien au coaching. On emploie en pédagogie les mots anglais *teaching* et *learning* parce que le mot français *apprendre* dit une chose et son contraire : il signifie d'abord *acquérir*, mais il signifie aussi *enseigner*, alors que ces deux processus sont deux mécanismes cognitifs différents.

En coaching, un grand nombre de demandes prennent la forme de : « Je ne sais pas faire ceci ou cela. C'est un handicap dans ma progression professionnelle. » Le consultant peut et doit investiguer la nature de la situation exposée, les représentations du client eu égard à sa demande, son histoire professionnelle, éventuellement son type d'inhibition, etc. Mais une fois cela fait, le client attend d'être aidé. Et la meilleure façon de l'aider, c'est de lui faire faire ce qu'il croit être incapable de faire. S'il ne sait pas faire, que ce soit par peur, manque d'habitude ou ennui, il y a peu de chances qu'il trouve le moyen de le faire de lui-même ou par un simple jeu de questions. Il faut l'accompagner dans la piscine. Pour qu'il trouve de lui-même la manière à la fois la plus efficace et celle dans laquelle il se sente le mieux, il faut qu'il fasse des essais. Et faire des essais, c'est se confronter à la situation en la mimant, c'est-à-dire en faisant des jeux de rôle. Le jeu de rôle est la simulation qui se rapproche le plus de la situation finale visée, c'est donc la plus réaliste et la plus efficace, parce que la plus vraie. Le coaching, c'est comme le petit bassin d'une piscine : on apprend à nager sans risque de noyade. Décrivons trois cas.

## 1. Je ne suis pas à l'aise et j'ai une présentation à faire devant le directeur général

*– Je ne suis pas à l'aise et j'ai une présentation à faire devant le directeur général.*

*– On ne vous demande pas d'être à l'aise, on vous demande de faire une présentation. Ne mettez pas la charrue avant les bœufs.*

*– Mais comment faire une bonne présentation si l'on n'est pas à l'aise ?*

*– En faisant comme si vous l'étiez. Comme tout le monde, ça a dû vous arriver des centaines de fois dans la vie de ne pas être à l'aise et de ne pas le montrer. Tous les bons acteurs ont le trac. Ils ne le montrent pas, c'est tout. Ce n'est pas psychologique, c'est une affaire d'éducation du corps. Vous ne serez*

pas à l'aise en parlant publiquement, au moins au début. Votre tâche est de paraître à l'aise pour mettre votre auditoire à l'aise. Quand vous sentirez l'auditoire à l'aise, alors vous serez peut-être à l'aise, pas avant.

– Qu'est-ce que c'est le trac ?

– Je peux vous expliquer dans le détail ce que sont le stress et le trac. Je peux aussi vous poser mille questions sur la façon dont votre trac à vous se manifeste au niveau de l'estomac, du rythme cardiaque, des trapèzes, de la gorge, du visage, des bras, des jambes, du cerveau, etc. Tout cela ne vous aidera en rien à maîtriser votre trac. Plus on cause, moins on travaille. Plus on cause, moins on s'entraîne.

– Qu'est-ce qui pourrait m'aider ?

– D'abord de m'aider, moi, en répondant à six questions. Combien de temps doit durer votre présentation ? Combien de projections ou de planches voulez-vous projeter ? Combien y aura-t-il d'auditeurs ? Qui sont-ils ? Quand a lieu votre prestation ? Quel est le sujet de votre présentation ?

– J'ai quinze minutes et vingt-cinq slides. Il y aura tout le comité de direction, c'est-à-dire dix personnes. C'est dans trois jours. Il s'agit du lancement d'un produit.

– Pourriez-vous me montrer quatre planches ou slides, comme vous dites.

…

– Bon. Vous avez sûrement quinze slides de trop. Certaines planches sont des plans d'actions, d'autres des explications de ces plans d'actions. Je vous encourage à supprimer les explications. Si l'auditoire en souhaite, il vous les demandera. Ce qui intéresse le comité de direction, c'est votre plan d'action, non ce qui le légitime. Ça, il est capable de le comprendre tout seul. Nous corrigerons les fautes d'orthographe, de français, les erreurs de maquette. Vous employez trop de couleurs, vos effets sont noyés. Nous verrons ça plus tard. Je me mets au *fond de la salle. Vous n'avez pas besoin de votre ordinateur pour dire bonjour. Je vais vous faire répéter votre texte. Allez à la porte d'entrée et faites votre présentation comme si vous étiez en comité de direction.*

La jeune femme s'avance en parlant vers le centre de la salle divisée en U.

*– Bonjour mesdames et messieurs. Je voudrais vous parler du lancement du produit…*

*– Stop. Arrêt sur image. Vous n'avez pas encore pris position au milieu de la salle que vous avez déjà donné deux phrases à un moment où personne ne vous écoute parce que vos audi- teurs ont probablement encore l'oreille collée à leur téléphone portable.*

*– Alors qu'est-ce que je dois faire ?*

*– Ne pas parler tant qu'on ne vous écoute pas. Ne parlez pas en marchant, c'est difficile, c'est une compétence de comédien. À vous, on demande d'être l'actrice de votre rôle réel, c'est plus facile. Recommencez. Allez de la porte d'entrée à votre place en marchant lentement sans rien dire, tout en regardant votre auditoire, en restant debout et en attendant six secondes avec le sourire. Si vous vous asseyez, personne ne vous remar- quera. Surtout, fixez votre auditoire en silence pendant ces six secondes de silence.*

La jeune femme exécute le mouvement. Le formateur la fait recom- mencer quatre fois. Puis elle commence.

*– Bonjour mesdames et messieurs. Je voudrais vous parler du lancement du produit…*

*– Stop. Je vous demande de répéter deux phrases et vous allez me dire laquelle vous paraît la plus aisée à dire. D'abord : Bonjour mesdames et messieurs. Puis : Mesdames, messieurs, bonjour.*

La jeune femme répète les deux phrases.

– Je préfère dire : Mesdames, messieurs, bonjour.

– Pourquoi, à votre avis ?

– J'ai l'impression qu'en disant : Mesdames, messieurs, bonjour, je suis plus à l'aise. Je crois que je respire mieux.

– Oui, vous respirez mieux parce que vous expirez une fois à chaque virgule. Une première fois après Mesdames, une seconde fois après messieurs. Vous respirez mieux, donc votre trac baisse. Ce serait encore mieux si vous ajoutiez cinq progrès.

– Cinq !

– Beaucoup plus facile que d'apprendre à conduire ou à rouler à bicyclette. Savez-vous conduire une voiture ?

– Oui.

– Savez-vous rouler à bicyclette ?

– Oui.

– Alors, vous serez capable de faire d'excellentes présentations. Premier progrès, vous allez attaquer Mesdames dans les graves. Deuxième progrès, vous allez faire deux secondes de silence après Mesdames, après messieurs, après bonjour. Troisième progrès, vous allez rester deux temps sur jour dans bonjour. Imaginez que jour soit une blanche en solfège. Quatrième progrès, vous allez donner bonjour avec des aigus ; Cinquième progrès, vous allez dire le titre de votre présentation comme si vous écriviez en gras en haut et au milieu d'une page.

– Je n'ai pas la voix grave.

– Vous avez des graves de soprano, comme tous les sopranos, mais vous ne les avez jamais entendus, c'est tout. Vous allez imiter ma voix et je vais vous faire entendre des notes graves de votre voix que vous n'avez jamais entendues. Vous êtes prête ?

– Oui.

> *– Pourquoi dites-vous : « Je voudrais vous parler du lancement du produit » ? Énoncez le titre, faites simple, comme pour un livre.*
>
> *– Je n'ai pas de titre.*
>
> *– Si. Votre titre est : Lancement du produit x. Supprimez pour toujours les formules du genre « Je voudrais vous parler ». Faites-le. Parler, c'est agir.*

Et le coaching continue ainsi pendant deux heures. Elle fera une bonne présentation au comité de direction. Prenons un second exemple.

## 2. J'ai quelque chose à dire à mon président et je ne sais pas comment m'y prendre

Jacques est l'un de vos clients. Il a confiance en vous. Durant un repas auquel il vous a invité, il exprime un besoin. Vous n'allez pas lui proposer dix séances de coaching et l'interroger pendant des heures sur son inhibition. Vous allez lui rendre service. Qu'est-ce que rendre service ? C'est aider une personne à résoudre une difficulté. C'est le métier du consultant. Dans le cas présent, il s'agit de comprendre et de sentir la situation, de voir ce qui est possible et impossible vu les relations entre les personnes concernées, de se mettre à la place de l'autre, de montrer comment vous feriez vous-même dans cette même situation, d'examiner si cette manière est efficace, puis d'y entraîner votre client. On n'y passe pas l'hiver, ça vous prend une demi-heure. Voici comment se passe le repas.

Jacques m'a invité à déjeuner. Il est conseiller au cabinet du président d'une grande entreprise. Il prend un steak tartare. Pendant qu'il fait sa cuisine, il m'interroge :

> *– J'assiste à tous les comités de direction de mon président et assez souvent, il n'est pas clair avec ses directeurs sur qui doit faire quoi. Beaucoup de choses restent floues. Ça gêne tout le monde, personne n'ose lui dire. Nous avons d'excellentes rela-*

tions. *Il est très humain, il aime le contact. Mais, moi non plus, je n'ose pas lui dire. J'ai envie l'aider. Tu vois un truc ?*

– *Tu dis qu'il n'est pas clair ? Il vient de prendre un poste exposé, avec une nouvelle équipe. Ou bien il ne voit pas encore assez clairement la situation de son entreprise. Ou bien il ne voit pas encore sur qui il peut compter. Ou bien il trouve prématuré de figer les responsabilités. Et probablement les trois. En tous les cas, aujourd'hui, je trouve qu'il a raison de ne pas être trop clair.*

– *Tu trouves ?*

– *Bien sûr. Ce flou lui donne de la marge de manœuvre et lui permet de voir comment ça se passe.*

*Pour ton président, l'important est moins d'être clair en ce moment, que de savoir qu'il ne l'est pas. Tu te rappelles cette actrice des années 1920 qui descend sur scène en public un grand escalier. Elle demande ensuite à son metteur en scène :* « *Comment l'ai-je descendu ?* » *Elle l'a fait. Elle sait comment elle l'a fait. Elle pense qu'elle l'a bien fait. Et pourtant elle sent que l'effet produit lui échappe. L'actrice a compris que l'homme ne peut pas se voir soi-même. Plus fine que les managers qui se privent de conseils ! Voilà pourquoi elle a un metteur en scène qui est son coach. La plupart des gens ne savent pas ce qu'ils font de bien, comment sauraient-ils ce qu'ils font de moins bien ? Je veux dire que ton président a probablement raison de ne pas être trop clair, le temps d'examiner les situations, mais il ne faudrait pas que ça se voie trop.*

– *Qu'est-ce que je peux faire ?*

– *Si je pense à un truc, je te le dirai dans cinq minutes.*

Cinq minutes passent.

– *Tu me dis que tu as d'excellentes relations avec ton président, qu'il manque de clarté avec ses cinq directeurs, que ce manque de clarté gêne tout le monde, que personne n'ose lui dire. Tu ressens que tu devrais l'aider et que tu ne sais pas comment t'y prendre ? En fait, ce que tu ne sais pas, c'est s'il n'est pas clair par tactique, ou s'il n'est pas clair par maladresse ou manque de vision.*

*– C'est ça.*

*– Le seul truc, c'est d'essayer. Essayons. Tu vas jouer ton président, je vais jouer ton rôle. Vous venez de travailler dans son bureau. L'entretien se termine. Je me lève, je prends congé, je me dirige vers la porte, ma main saisit la poignée. Là, je marque un instant d'arrêt et je me retourne vers toi, c'est-à-dire vers lui. Comment s'appelle ton président ?*

*– Monsieur Lalande.*

*– Tu me diras après si ma manière est recevable. Pour l'instant, nous jouons deux rôles.*

Quatorze heures dans une brasserie de la gare Montparnasse. Je suis debout, dos vers Jacques. Improvisant son rôle, je me retourne, je le regarde, la main sur une invisible poignée de porte, et je m'adresse à lui.

*– « Monsieur Lalande, j'ai le sentiment que, dans vos réunions de direction, quelquefois vous laissez dans le flou des éléments qui gagneraient à être plus clairs. Moi-même, il m'arrive de ne pas être sûr d'avoir compris qui est responsable de quoi. » Puis, tu marques un temps d'arrêt en le regardant.*

*– Et alors ?, fait Jacques.*

*– Je vois deux possibilités : ou bien par ce signal, tu lui as donné le désir d'en savoir plus, ou bien non. Si oui, il te posera une question.*

*– Pas mal. Je me sens capable de faire ça, répond Jacques.*

*– Il te demandera un exemple. Mais je ne crois pas que ce soit simplement d'un exemple dont il a vraiment besoin, mais de quelqu'un qui voit ce qu'il ne peut pas voir lui-même et qui ose lui dire ce que tout le monde ressent. Il a peut-être conscience de ne pas être clair. Mais sait-il que toute l'équipe partage ce*

*sentiment ? Pas sûr. Si tu te crois capable de faire ça, le mieux serait que tu le fasses maintenant.*

*– Ici ?*

*– Ici. Ce qui est fait n'est plus à faire.*

Quatorze heures vingt, dans la même brasserie de la gare Montparnasse. Jacques répète le rôle de Jacques et, moi, j'improvise le rôle de son président.

*– Je sens le rôle, dit Jacques. Comment augmenter les chances que mon message passe ?*

*– Pour que ton message passe, réunis quatre conditions.*

*Un, ne viens pas dans son bureau lui donner un conseil qu'il ne t'a pas demandé.*

*Deux, en revanche, à la fin d'une séance de travail entre vous, fais-lui part d'une remarque, l'air de rien. Envoie-lui un signal faible, comme on dit. D'homme à homme. Fais semblant d'oublier les niveaux hiérarchiques.*

*Trois, tu exprimes un sentiment, non une certitude. Donc tu dis : J'ai le sentiment.*

*Quatre, une fois le sentiment exprimé, tu fais un silence de cinq secondes en le regardant. Comme si tu attendais une réponse.*

*– J'essaye ça aujourd'hui.*

*– Attends demain. Il est bon que, sur tout apprentissage, une nuit passe. Surtout, les choses se produisent rarement comme on les a imaginées. Donc approprie-toi le modèle pour être capable de l'adapter aux circonstances.*

Le lendemain, Jacques me téléphone pour me dire que ça a marché. M. Lalande lui a demandé un exemple où il n'était pas clair. Jacques lui en a donné deux. Le président l'a remercié en disant qu'il allait réfléchir, puis a ajouté : « Mais, vous qui connaissez bien l'équipe de direction, laisseriez-vous la totalité de la logistique à Pasquier ? »

– *As-tu d'autres trucs du même genre ?*, ajoute Jacques.

– *Je peux réfléchir. Toutes les relations obéissent à des protocoles qui dépendent des positions que les acteurs occupent les uns par rapport aux autres. Ce sont autant de bonnes manières que des manières opportunes.*

– *Qu'est-ce que tu appelles un protocole ?*

– *C'est un code d'accès qui se définit par trois types d'instructions selon une typologie des circonstances : ce qu'il faut faire, ce qu'il ne faut pas faire, ce qu'on peut faire sous conditions.*

## 3. Je prends un nouveau poste dans quatre jours. Et dans mon agenda, je n'ai déjà plus une minute à moi ! C'est exaspérant !

– *Je prends un nouveau poste dans quatre jours, et je constate que, dans mon agenda, je n'ai déjà plus une minute à moi pendant la première semaine. C'est exaspérant !*

– *Qui prend vos rendez-vous ?*

– *Ma nouvelle et future secrétaire.*

– *En somme, c'est votre premier poste de direction, vous allez diriger deux mille personnes sur trois sites et c'est votre secrétaire qui commande.*

– *Elle connaît parfaitement l'environnement et j'ai confiance en elle.*

– *Certes. Mais plutôt que de recevoir des instructions, c'est elle qui vous en donne.*

– *Vous avez une idée dans la tête ?*

– *Oui, mais elle n'est pas de moi. C'est qu'on ne dispose que d'un seul coup pour faire une première bonne impression. J'ajouterais une première forte impression, parce que si j'ai bien compris, l'unité qu'on vous confie ne fonctionne pas bien.*

*En faisant ce qui est attendu de vous, allez-vous vous faire réellement connaître ?*

– Certes, si j'avais le choix, ce n'est pas ce que je ferais.

– Que feriez-vous ?

– J'annulerais tous les entretiens que ma secrétaire m'a collés avec l'intérieur et je bloquerais en une journée tous ceux avec l'extérieur, comme le préfet.

– Que feriez-vous le premier jour ?

– J'irais prendre possession de mon bureau en une heure. Puis avec mon chauffeur, je passerais deux jours à visiter les trois sites à l'impromptu, sans prévenir. Je m'entretiendrais avec chaque directeur local. Je lui demanderais de me faire visiter les lieux. Je bavarderais seul avec chaque contrôleur de gestion, chaque directeur de ressources humaines et chaque directeur technique. J'examinerais les tableaux de bord. Bref, j'irais respirer les lieux. J'aime bien me faire une idée par moi-même. Je me rendrais visible de tous sur les lieux de travail. Je déjeunerais dans chaque cantine.

– Il est sûr que le premier directeur téléphonera aussitôt aux deux autres pour leur faire part d'une arrivée aussi peu convenue. Ça ne manquera pas de faire parler.

– Oui, c'est ça. Faire parler avant que je ne parle. Ça me ressemble.

– Prendre possession de votre bureau, visiter trois sites, et rencontrer les notables, ça vous prendrait combien de temps ? Je veux dire, ça vous prendra combien de temps.

– Trois jours, pas plus.

– J'imagine la tête de tous ceux de l'intérieur qui vont voir annulé l'entretien qu'ils ont demandé et obtenu. Vous leur prenez le service comme au tennis.

– Oui, c'est ça qu'il faut. Avoir le service pendant une semaine. Ce n'est pas que je n'aie pas confiance dans ce que disent les gens. Mais avec la routine, il y a des choses que les meilleurs ne voient plus.

– Et votre comité de direction propre, qu'est-ce que vous en faites dans cette première semaine ?

– Il y a une chose dont j'ai horreur, c'est de parler quand je n'ai rien à dire.

– Je n'ai jamais rien entendu de plus sensé.

– J'ai besoin de savoir et de savoir sur qui je peux compter. Le reste vient tout seul.

– Si vous avez besoin de savoir, vous n'avez qu'à poser des questions.

– Absolument. D'ailleurs, je n'ai que trois questions à poser à chacun d'eux : ce qui ne va pas, ce qui va, et quel est le plan d'action qu'ils vont mettre en œuvre et quand.

– Le mieux serait peut-être que vous posiez ces trois questions à chaque membre du comité de direction, le vendredi matin par exemple.

– Mais c'est ce que j'ai l'intention de faire.

– En comité de direction ?

– En comité de direction !

– L'avantage de faire ça en comité de direction est triple. Vous gagnez beaucoup de temps par rapport à des entretiens individuels, c'est plus dynamique et tous entendront ce que chacun a à dire. Ça fait de la régulation. Il vous restera le vendredi après-midi pour voir les affaires courantes et le week-end pour réfléchir.

– C'est mon plan.

– N'oubliez pas votre secrétaire. Elle doit annuler des entretiens et convoquer un comité de direction pour vendredi avec trois questions pour chaque membre. Enfin, je ne fais que répéter ce que vous avez dit !

# 11

# Comment transformer une étude de cas en jeux de rôle ?

Vous faites une randonnée durant laquelle a lieu un conflit. Un conflit socialement si significatif que vous le décrivez par écrit. Vous êtes professeur dans une grande école de commerce, vous vous servez de ce texte comme d'une étude de cas dans l'un de vos séminaires. Comme les positions affirmées par vos étudiants vis-à-vis de ce conflit sont très contrastées et vous paraissent révélatrices de leur système de valeurs, vous prolongez cette étude de cas en test sans aucune prétention scientifique. Puisque cet exercice permet des échanges qui poussent les personnes à réfléchir à leur conduite, vous transformez cette étude de cas en jeu de rôle. Enfin, vous en rédigez une chronique que publie *La Croix* (16 septembre 2002). On trouvera à la suite la chronique, le test et les jeux de rôle associés.

## *Et si tout le monde en faisait autant ?*

Six femmes, quatre hommes. Départ de la randonnée, une énergique me refile deux kilos d'eau à porter. Treize heures à la montre, midi dans le panorama : une vitrine d'appareils photos jaillit. Troublée par l'échappement de ces Harley-Davidson, une bouche murmure (je reconnais la mienne) que silencieuses et prêtes-à-montrer sont les cartes postales. Effet zéro, je ne milite plus. Quatre femmes déballent la nourriture et les outils pour manger sans les doigts. Un célibataire saucissonne le saucisson, on lui imprime à sec qu'il ne sait pas s'y prendre. Mon cerveau d'anxieux repasse le bac : faut-il se battre pour être solidaire ? Sommes onze avec le guide. Qui fait un groupe fait une foule. Je me méfie des foules. Résolution : chaque matin, je m'occuperai du petit-déjeuner.

Acte II. Les hommes mettent la main à la pâte, les femmes y vont de leurs compliments qui gâtent notre naturel. Les participants participent sauf un. Pierre porte, mais ne prend part aux repas que pendant. Ni avant, ni après, la meilleure part ! En revanche (j'allais écrire « en échange »), il nous réjouit. Il fait dialoguer les sentiers avec les montagnes, les montagnes avec les montagnes, l'oubli avec nos pieds fatigués des sentiers. Pierre tire la culture de la nature et nous livre des livres. En l'absence du livreur, mais en présence du dîner, une tête de tiroir-caisse note qu'il est bien gentil, le Pierre, mais qu'il ne touche ni à la cuisine, ni à la vaisselle.

Acte III, le lendemain du lendemain. Une randonneuse, pas la même qu'au paragraphe précédent, répète qu'il est bien gentil, le Pierre, mais qu'il n'a encore touché ni à la c…, ni à la v… Et si tout le monde en faisait autant, juridise un homme (au choix), ou bien pour faire l'intelligent, ou bien pour faire éthique et toc, ou bien pour raviver un lieu commun. Tous béent à cette pensée fermentée. La fièvre monte et descend, ce qui n'est pas le Saint-Esprit. Modernement, chacun s'exprime, puis le dernier dit (je me reconnais) que nous tous, sauf un, sommes suffisamment nombreux pour couvrir la ménagerie alimentaire. Que l'un d'entre nous peut s'en abstraire, personne n'ayant l'intention d'en faire autant. Que nous nous honorerions à valoriser cette différence, grâce à quoi, de plus, nous ferions tendance. Il n'y a pas de raison, répond-on. Notre raison peut inventer de la raison, répliqué-je sans guillemets. Pourquoi l'un d'entre nous ne devrait-il pas avoir les mains sales ? Confondu par ce philosophème, je trouve de justesse qu'en nettoyant pommes de terre et assiettes, on se rend les mains plus propres que sales. Effet zéro, je ne milite plus.

L'avant-dernier jour. Devant un quatrième panorama semblable aux trois autres, Pierre se sert en salade de Nice. À peine sa cuiller plonge-t-elle dans le plat qu'un couteau la croise et que proverbe une voix qui ne s'écoute pas : qui n'aide pas ne mange pas. Le chœur insiste. Des cailloux fondent en pluie sur l'homme-livre. Ma tête se dit qu'un rôle manque au *casting*. À 1, il remplit une assiette (je me reconnais). À 2, il la fourre dans les bras du paria et, à 3, il lance que, sur ce Pierre, il bâtira son argumentation. Que vous ne vous écoutez pas parler. Que tout le monde est capable d'étaler un plastique dans un pré, et les assiettes, de les laver. Pas de quoi revendiquer un socle ! Que l'exception est d'enchanter. Qu'il faut subventionner les bibliothèques. Que cette démocratie est tyrannique. Que si tout le monde en faisait autant d'enchantement, alors un vent de silence s'étendrait sur la terre qui donnerait naissance à la vue pour se reconnaître les uns les autres et *tutti frutti*. J'ai milité. La philippique attendrit les dieux, qui envoient la pluie qui nous sépare sous des sapins paternels. Demain, et tout le monde en fera autant, ce sera chacun chez soi. Acte V, je raconte l'anecdote. Un ami en fera une chronique, politique, dit-il. Attendons.

# Comment vous comportez-vous en société ? Un test.

## La situation

Vous partez en randonnée avec un guide, six femmes et quatre hommes. Le guide partage les provisions entre vous. Première halte du déjeuner, tout le monde s'affaire à dresser le couvert et à distribuer la nourriture. L'un d'entre vous, Pierre, a fait sourire le groupe par son talent d'orateur, son charme et sa connaissance de la nature. Ce bon compagnon continue l'après-midi.

Le soir, halte dans un gîte. Tout le monde s'affaire encore, sauf Pierre. On murmure : « Il est bien gentil, le Pierre, mais il pourrait participer à la cuisine et à la vaisselle comme nous ! »

Le lendemain se reproduit à l'identique. La tension monte envers Pierre.

Le surlendemain, Pierre n'a pas changé son comportement. Alors qu'il est à l'écart, une femme se plaint de sa conduite : « Il charrie ! Et si tout le monde en faisait autant ? » Alors un homme déclare : « Dix personnes au travail peuvent accepter que l'une d'entre elles soit différente. On ne manque pas de mains. Après tout, le charme de Pierre suffit au groupe, et vaut bien le service de laver les assiettes. Nombreux sont ceux qui savent se livrer aux tâches du *panem*. Peu sont capables de nous offrir le *circenses*. » Le groupe se tait, peu convaincu. Mais il ne critique pas celui qui, dès le début, a accumulé ce crédit de préparer le petit-déjeuner pour tous.

Le quatrième déjeuner arrive. Au moment où Pierre se sert, un homme fait l'homme, pressé par l'attente des femmes, l'interdit et lui lance : « Quand on n'aide pas, on ne mange pas ! » Pierre s'éloigne du groupe. On lui lance des cailloux. Lapidation, la rupture est consommée.

## Votre position

Vous êtes membre du groupe, qu'auriez-vous fait face à cette situation ? Au nom de quelle valeur auriez-vous pris votre décision ? Cochez la case qui correspond au comportement dont vous vous sentez le plus proche :

1. Je propose qu'on en parle ensemble. ❏

2. Rien ! Je ne suis pas parti en randonnée pour m'ennuyer avec ces histoires. ❏

3. J'attends. Ce qui m'intéresse, c'est de voir comment les hommes sont capables de vivre en société. ❏

4. Je pose le problème avec Pierre, seul avec lui.   ❏

5. Je propose l'exclusion de Pierre et la privation de nourriture.   ❏

6. Je tends un torchon à Pierre pour qu'il comprenne.   ❏

7. Je défends Pierre. Distraire les autres est une tâche collective. Les échanges sont équilibrés. C'est de la bonne économie.   ❏

8. J'aborde le problème avec Pierre et les autres au moment du repas.   ❏

9. Je laisse Pierre tranquille. Un conflit va engendrer des ruptures au sein du groupe.   ❏

10. Envisagez-vous une autre action ?   ❏


## Découvrez votre profil psychosociologique

1. **Social-confus.** Qui c'est « ensemble » ? À qui faites-vous cette proposition ? À Pierre ? Au groupe avec ou sans Pierre ? Votre parole risque d'être sans conséquence. Essayez la prochaine fois d'avoir un coup d'avance. Dans l'impasse, vous êtes renvoyé au choix 4 ou 8. Votre valeur est la parole du consensus mou.

2. **Social-passif.** Vous adoptez la position de retrait. Votre investissement social est faible. Que faites-vous quand vous voyez une femme se faire agresser dans la rue ? Pensez-vous qu'elle l'a bien cherché en portant une tenue si légère ? Envisagez-vous de prendre des cours de karaté ? Votre valeur est la tranquillité.

3. **Social-psychosocial.** Vous voulez écrire une étude de cas pour instruire vos étudiants sur la question de la tolérance. Tout part de l'école. Vous-même n'en êtes jamais sorti. Vous êtes plus utile à décrire la réalité pour la tendre comme un miroir à vos

contemporains. Votre valeur est l'instruction publique, laïque et obligatoire et le tout-école.

4. **Social-indéterminé.** Pierre vous dit que, dans le contrat signé avec Nouvelles Aventures, la corvée de vaisselle n'est pas précisée. Allez-vous ensuite plaider sa cause auprès des autres ? Ou bien écrirez-vous à Nouvelles Aventures pour suggérer de mieux rédiger les contrats ? Votre valeur est la bonne volonté bureaucratique.

5. **Social-punitif.** Inacceptable que vos impôts financent les pension-naires de la Villa Médicis. La République a-t-elle besoin d'artistes ? Tout le monde pareil et les intellectuels aux champs. Dans une communauté, que chacun participe, souffre, paye son écot ! Humaniste, vous ne forcez pas Pierre à demander pardon en public, et à faire seul la vaisselle de tous. Votre valeur est le populisme vengeur.

6. **Social-inductif.** Vous passez le torchon à Pierre. Signal faible ou peur de lui parler ? Pierre saisit le torchon, s'en fait un voile à la manière des musulmanes et dit avec l'accent : « Pour une fois que je ne fais pas la bonne pour les Français ! » Allez-vous rire ? Votre camaradisme masque que votre valeur est la participation dans l'évitement des conflits.

7. **Social-total.** En dehors des Blacks et des Beurs, vous pensez qu'une société est faite de minorités et qu'il faut les protéger comme des espèces en voie de disparition sous peine que la variété disparaisse du monde. Vous avez du courage. Les causes difficiles ne vous font pas peur. Votre valeur est l'humanité agis-sante.

8. **Social-robespierriste.** Vous créez de fait un tribunal qui risque de déchaîner des passions incontrôlables. Serez-vous avocat, procu-reur, greffier, témoin ou simple citoyen présent au tribunal ? Votre valeur consciente est le spontanéisme et la compréhension entre les peuples. En réalité, votre valeur objective est la transpa-rence tyrannique.

9. **Social-calculateur.** *Wait and see.* Vous pensez que le jeu n'en vaut pas la chandelle. Vous vous croyez tolérant en obéissant à un

principe d'économie ? Êtes-vous capable d'apaiser le groupe ? Vous pensez que le groupe va se calmer tout seul pour finir la randonnée tranquillement. C'est l'intérêt de tous. Votre valeur est la paix sociale au prix fort.

10. **Autre solution : social-hiérarchique.** Nous avons fait passer ce test à une centaine de cadres d'entreprise dans une école de commerce. Surprise ! Aucun d'eux n'a pensé à la solution hiérarchique ! À croire qu'aucun d'eux n'avait de supérieur hiérarchique ! D'abord parler au guide pour le prévenir des tensions, c'est son rôle de les réguler. Puis, en fonction de sa réponse, le conseiller et/ou prendre une décision parmi les autres choix proposés.

11. **Autre solution** que l'autre solution. Si vous avez une solution à laquelle nous n'avons pas pensé, écrivez-nous ! Merci.

## Autre version du test

Vous racontez l'histoire sans proposer la solution à choix multiples. Vous récoltez les réponses, en ayant préalablement précisé qu'elles doivent être rédigées sous la forme de verbes d'action. Vous les commentez et les comparez aux solutions proposées. Faire passer ce test à des échantillons des vingt-sept pays européens serait probablement instructif. La France, seul pays au monde qui reçoit plus de touristes que son nombre d'habitants ! Dans la rue, de combien de minorités êtes-vous entouré dans un rayon de 500 mètres ?

# Les jeux de rôle à partir de la version courte

## 1<sup>er</sup> jeu de rôle : que le guide joue son rôle, bon sang !

Vous partez en randonnée avec un guide, six femmes et quatre hommes. Le guide partage les provisions entre vous. Première halte du déjeuner, tout le monde s'affaire à dresser le couvert et à distribuer la nourriture. L'un d'entre vous, Pierre, a fait sourire le groupe par son talent d'orateur, son charme et sa connaissance de la nature. Ce bon compagnon continue l'après-midi. Le soir, halte dans un gîte. Tout le monde s'affaire encore, sauf Pierre. On murmure : « Il est bien gentil, le Pierre, mais il pourrait participer à la cuisine et à la vaisselle comme nous ! » Le lendemain se reproduit à l'identique. La tension monte envers Pierre.

**L'analysé :** vous êtes l'un des randonneurs. Pierre porte la nourriture, mais ne participe ni à la préparation des repas, ni à la vaisselle. Vous sentez que cette situation peut devenir une cause de tensions. Vous allez voir le guide pour lui exprimer vos inquiétudes.

**Le prétexte, variante 1 :** vous êtes guide. Tout se passe bien. Il fait beau, la randonnée sera excellente. Comme toujours, il y a des personnalités. Il ne faut pas y faire attention. Les gens sont là pour passer des vacances, pas pour se poser des problèmes.

**Le prétexte, variante 2 :** vous êtes guide, vous n'êtes pas psychologue. Des groupes, vous en faites toute l'année. Au bout du compte, tout s'arrange d'autant mieux que vous ne vous en mêlez pas.

## 2ᵉ *jeu de rôle : il faut que ça cesse, on ne parle plus que de ça en catimini ! C'est polluant !*

Vous partez en randonnée avec un guide, six femmes et quatre hommes. Le guide partage les provisions entre vous. Première halte du déjeuner, tout le monde s'affaire à dresser le couvert et à distribuer la nourriture. L'un d'entre vous, Pierre, a fait sourire le groupe par son talent d'orateur, son charme et sa connaissance de la nature. Ce bon compagnon continue l'après-midi. Le soir, halte dans un gîte. Tout le monde s'affaire encore, sauf Pierre. On murmure : « Il est bien gentil, le Pierre, mais il pourrait participer à la cuisine et à la vaisselle comme nous ! » Le lendemain se reproduit à l'identique. La tension monte envers Pierre. Le surlendemain, Pierre n'a pas changé son comportement. Alors qu'il est à l'écart, une femme se plaint de sa conduite : « Il charrie ! Et si tout le monde en faisait autant ? »

**L'analyse :** vous êtes l'un des randonneurs. Et vous profitez de l'absence momentanée de Pierre et de quelques autres pour réunir le groupe et le sonder. Qu'est-ce que vos camarades pensent franchement de la situation ? Chacun s'exprime dans son coin, il n'y a pas d'esprit d'équipe. Vous voudriez obtenir sinon un consensus général, au moins une majorité pour agir.

**Les prétextes :**

1. Randonneur(euse). Rien ! Je ne pense rien. Je ne suis pas parti en randonnée pour m'ennuyer avec ces histoires.
2. Randonneur(euse). J'attends. Ce qui m'intéresse, c'est de voir comment les hommes sont capables de vivre en société.
3. Randonneur(euse). Il faut poser le problème avec Pierre, seul avec lui. Mais ce n'est pas votre tasse de thé.
4. Randonneur(euse). Vous proposez l'exclusion de Pierre et la privation de nourriture. Qui ne participe pas ne mange pas.
5. Randonneur(euse). Vous proposez de tendre un torchon à Pierre pour qu'il comprenne, lors de la prochaine vaisselle.
6. Randonneur(euse). Vous défendez Pierre. Distraire les autres est aussi une tâche collective. Dans un groupe, chacun apporte son talent. Les échanges sont équilibrés. C'est de la bonne économie.

# 3ᵉ jeu de rôle : un ne peut pas avoir raison contre tous.

Vous partez en randonnée avec un guide, six femmes et quatre hommes. Le guide partage les provisions entre vous. Première halte du déjeuner, tout le monde s'affaire à dresser le couvert et à distribuer la nourriture. L'un d'entre vous, Pierre, a fait sourire le groupe par son talent d'orateur, son charme et sa connaissance de la nature. Ce bon compagnon continue l'après-midi. Le soir, halte dans un gîte. Tout le monde s'affaire encore, sauf Pierre. On murmure : « Il est bien gentil, le Pierre, mais il pourrait participer à la cuisine et à la vaisselle comme nous ! » Le lendemain se reproduit à l'identique. La tension monte envers Pierre. Le surlendemain, Pierre n'a pas changé son comportement. Alors qu'il est à l'écart, une femme se plaint de sa conduite : « Il charrie ! Et si tout le monde en faisait autant ? »

**L'analysé :** vous êtes l'un des randonneurs. Tout le monde se plaint du comportement de Pierre. Vous pensez qu'un ne peut pas avoir raison contre tous. Mais il faut le faire comprendre à Pierre sans autoritarisme.

**Le prétexte :** vous êtes Pierre. Vous êtes célibataire. C'est votre première randonnée. Toute l'année, vous faites vos courses et le ménage. Vous n'êtes pas parti en vacances pour recommencer. D'autant moins que le catalogue de Nouvelles Aventures ne précisait rien de ce type de participation. Vous portez la nourriture dans votre sac à dos, c'est déjà un gros effort vu que vous avez les vertèbres fragiles. Si quelqu'un veut porter à votre place, vous êtes disposé à changer de corvée. Mais pas plus.

# 4<sup>e</sup> *jeu de rôle* : panem *ou* circenses ?

Vous partez en randonnée avec un guide, six femmes et quatre hommes. Le guide partage les provisions entre vous. Première halte du déjeuner, tout le monde s'affaire à dresser le couvert et à distribuer la nourriture. L'un d'entre vous, Pierre, a fait sourire le groupe par son talent d'orateur, son charme et sa connaissance de la nature. Ce bon compagnon continue l'après-midi. Le soir, halte dans un gîte. Tout le monde s'affaire encore, sauf Pierre. On murmure : « Il est bien gentil, le Pierre, mais il pourrait participer à la cuisine et à la vaisselle comme nous ! » Le lendemain se reproduit à l'identique. La tension monte envers Pierre. Le surlendemain, Pierre n'a pas changé son comportement. Alors qu'il est à l'écart, une femme se plaint de sa conduite : « Il charrie ! Et si tout le monde en faisait autant ? ». Alors un homme déclare : « Dix personnes au travail peuvent accepter que l'une d'entre elles soit différente. On ne manque pas de mains. Après tout, le charme de Pierre suffit au groupe, et vaut bien le service de laver les assiettes. Nombreux sont ceux qui savent se livrer aux tâches du *panem*. Peu sont capables de nous offrir le *circenses*. »

**L'analysé :** vous êtes l'un des randonneurs. Et vous pensez qu'il est plus facile de faire la vaisselle (*panem*) que de distraire un groupe (*circenses*). En réalité, du point de vue d'une économie bien raisonnée, les échanges sont équilibrés. Vous proposez donc que cesse cette mauvaise ambiance et que le plaisir de la randonnée reprenne tous ses droits.

**Les prétextes :**

1. *Randonneur(euse).*
2. *Randonneur(euse).*
3. *Randonneur(euse).*
4. *Randonneur(euse).*
5. *Randonneur(euse).*

## 5*e* *jeu de rôle : la peine de mort a été abolie, que je sache !*

Vous partez en randonnée avec un guide, six femmes et quatre hommes. Le guide partage les provisions entre vous. Première halte du déjeuner, tout le monde s'affaire à dresser le couvert et à distribuer la nourriture. L'un d'entre vous, Pierre, a fait sourire le groupe par son talent d'orateur, son charme et sa connaissance de la nature. Ce bon compagnon continue l'après-midi. Le soir, halte dans un gîte. Tout le monde s'affaire encore, sauf Pierre. On murmure : Il est bien gentil, le Pierre, mais il pourrait participer à la cuisine et à la vaisselle comme nous ! Le lendemain se reproduit à l'identique. La tension monte envers Pierre. Le surlendemain, Pierre n'a pas changé son comportement. Alors qu'il est à l'écart, une femme se plaint de sa conduite : « Il charrie ! Et si tout le monde en faisait autant ? » Alors un homme déclare : « Dix personnes au travail peuvent accepter que l'une d'entre elles soit différente. On ne manque pas de mains. Après tout, le charme de Pierre suffit au groupe, et vaut bien le service de laver les assiettes. Nombreux sont ceux qui savent se livrer aux tâches du *panem*. Peu sont capables de nous offrir le *circenses*. » Le groupe se tait, peu convaincu. Mais il ne critique pas celui qui, dès le début, a accumulé ce crédit de préparer le petit-déjeuner pour tous. Le quatrième déjeuner arrive. Au moment où Pierre se sert, un homme fait l'homme, pressé par l'attente des femmes, l'interdit et lui lance : « Quand on n'aide pas, on ne mange pas ! » Pierre s'éloigne du groupe. On lui lance des cailloux.

**L'analysé** : vous êtes l'un des randonneurs. La peine de mort a été abolie en France en 1981. La lapidation est une pratique barbare. Vous prenez la parole pour raisonner vos camarades.

**Les prétextes :**
1. *Randonneur(euse).*
2. *Randonneur(euse).*
3. *Randonneur(euse).*
4. *Randonneur(euse).*
5. *Randonneur(euse).*

*12*

# Du jeu de rôle au théâtre d'entreprise

Du jeu de rôle au théâtre, chacun imagine aisément le passage. Pirandello a écrit une pièce dont le titre est *Le Jeu des rôles*. L'entreprise est sans cesse à la recherche de nouveaux modes d'action qui lui permettent de « faire passer des messages » à ses collaborateurs et de les sensibiliser. Le théâtre d'entreprise en est un. Il s'agit de faire représenter sur scène par des comédiens les difficultés qu'elle rencontre et les solutions possibles à ces difficultés. Ce sont des saynètes, des jeux de rôle comme ceux que nous avons écrits dans les chapitres précédents, à cette différence notable près que nous avons fait représenter les difficultés par les acteurs eux-mêmes qui les éprouvent : par un comité de direction dans *Comment monter un séminaire sur la relation client/fournisseur ?*, par une centaine de directeurs d'unité devant leur direction générale dans *Comment monter une convention avec des jeux de rôle ?*

Dans un comité de direction, même élargi, la proximité des personnes est forte (ou devrait l'être) et le nombre de personnes rassemblées est faible. Le directeur du département des systèmes d'information et de communication peut souhaiter, doit souhaiter que ces collaborateurs immédiats à la fois soient au service des clients internes et sachent défendre les positions propres au département validées par la direction générale. Le client n'est jamais totalement roi. Le serait-il qu'il ne paierait pas. Dans le cas de la convention, la proximité des personnes est faible et le nombre de personnes rassemblées est important. Il s'agit plutôt de permettre une expression des directeurs pour alerter leur direction générale sur leurs difficultés.

Dans le domaine du théâtre d'entreprise, il s'agit de rendre spectateurs des acteurs pour leur faire prendre conscience des dysfonctionnements. La littérature du conseil et de la formation donne peu accès à ces textes écrits pour les entreprises, mais nous avons quelques expériences originales ; voici l'une d'elles.

Un séminaire de trois jours est commandé par un grand ministère, régalien comme on dit, pour une dizaine de cadres dits B sur trois thèmes de management : **conduite de réunions, gestion du temps et travail en équipe.** Le formateur a amené un stock de jeux de rôle sur chacun des trois thèmes et préparé des exposés adéquats. Le client, un directeur régional de cette administration, homme courtois, fin, intelligent, proche de ses troupes, et, plus rare, courageux, s'était porté candidat auprès de son directeur général, qui avait quasiment rang de ministre, pour mener des expérimentations avant évaluation et généralisation à cette administration de 6 000 personnes.

Le premier jour commence par la conduite de réunions. À la question du formateur, les participants répondent qu'ils n'assistent quasiment jamais à la moindre réunion et qu'*a fortiori*, ils n'en animent pas, bien que, cadres, ils aient des collaborateurs. Soit ! Le formateur décide alors, séance tenante, de passer au deuxième thème : gestion du temps. L'expression même de « gestion du temps » leur est apparemment étrangère. Le formateur a beau leur expliquer par différents exemples de quoi il peut s'agir, ils déclarent qu'ils n'ont aucun moyen de gérer leur temps, vu que le temps est géré à leur place. Soit ! Il décide alors, séance tenante, de passer au troisième thème : travail en équipe. Là, c'est le fou rire qui les prend. Bref, à midi, le premier jour, le formateur n'est pas en situation de leur proposer le moindre apprentissage utile dans leur fonction. À dire vrai, le formateur est très angoissé. Imaginez une personne qui aurait pris l'avion pour New York, et qui atterrirait à Delhi. Il s'efforcerait de visiter Delhi à l'aide du plan de New York. *Mais si, mais si ! Le Fort rouge, ça doit être ce que le plan désigne par Empire State Building !*

Le formateur entretient les meilleures relations avec son client. Hélas, ce dernier n'est pas présent ce jour. Il n'y a pas de responsable de formation. Le formateur décide alors de dialoguer avec les participants pour comprendre comment ils peuvent se trouver dans une situation aussi étrange : être managers sans manager qui que ce soit. Il prévoit que cette sorte d'audit de groupe imprévu ou cette sorte d'audit imprévu de groupe occupera l'après-midi. Ensuite il verra. En réalité, les langues se délient et ce dialogue dure deux jours. Le soir du deuxième jour, dans sa chambre, le formateur écrit la saynète qui suit. Le matin du troisième jour, les participants sont enchantés d'entendre cette saynète, puis de la jouer. Le formateur informe son client des difficultés rencontrées. Lequel client accepte de venir discuter avec les participants l'après-midi du troisième jour. Mais si tôt le directeur arrivé, plutôt que de lui faire part de l'évolution ou de l'évaluation du séminaire, ils proposent de jouer la saynète écrite par le formateur. C'est un participant qui tiendra d'ailleurs le rôle du formateur. Le directeur comprend la situation, demande au formateur de lui rédiger un exemplaire de la saynète qui sera jouée des dizaines de fois dans cette direction du ministère. Le formateur écrit en plus une manière de sociologie des cadres B qui sera diffusée à 200 exemplaires par la direction de la formation. Voici ladite saynète qui a joué un rôle de catalyseur des dysfonctionnements de l'état de cette population. Elle a été publiée une première fois dans *Le Consultant* (éd. Payot/Rivages).

## Les contrôleurs contrôlés

Un formateur arrive dans une salle où l'attend une dizaine de personnes. Il prend la parole.

*Le formateur. – Bonjour. Je m'appelle Robert Gaborieau et je suis formateur. Nous allons travailler ensemble aujourd'hui sur le management. Le management, c'est l'art de conduire les hommes vers un but. Si vous le voulez bien, avant mon exposé liminaire, je vais commencer par demander à chacun d'entre vous combien de personnes il commande.*

Silence.

*Le formateur. – Qui commande ici ? Excusez-moi, je veux dire : qui commence ?*

Silence.

*Le formateur. – Vous, monsieur, par exemple, combien de personnes commandez-vous ?*

*Un participant. – Je ne commande personne.*

*Le formateur. – Ce sont des choses qui arrivent.*

Silence.

*Le formateur. – Et vous ?*

*Un participant. – Je ne commande personne.*

*Le formateur. – Continuons le tour de table.*

*Un participant. – Moi, non plus.*

*Un participant. – Je ne commande pas.*

*Un participant. – On est tous pareils. On ne commande personne.*

Tour à tour, les participants déclarent, en hésitant, ou bien : « Je ne commande à personne », ou bien : « Moi, non plus. »

*Le formateur. – Excusez-moi. Il doit y avoir erreur sur la salle.*

Le formateur se lève comme pour sortir, il relit la convocation et se parle à lui-même.

*Le formateur. – Nous sommes bien le 27 novembre et il est 9 h. Nous sommes bien à Niort et c'est la salle 413 B.*

*Un participant. – Oui.*

*Le formateur.* – Faites-vous partie de la direction régionale des statistiques et des brevets de l'Industrie et de la Recherche ?

*Un participant.* – Oui, nous sommes ses cadres.

*Le formateur.* – Si nous sommes bien le 27 novembre et s'il est bien 9 h ; si nous sommes bien à Niort et si c'est bien la salle 413 B ; et si, de plus, vous êtes bien les cadres de la direction régionale des statistiques et des brevets de l'Industrie et de la Recherche, alors vous devriez être vous-mêmes. (Silence) N'est-ce pas ?

Silence.

*Le formateur.* – Bon. Reprenons depuis le début. Nous devons travailler ensemble sur le management. Le management, c'est l'art de conduire les hommes. Si vous le voulez bien, avant de faire mon exposé, je vais demander à chacun d'entre vous ce qu'il attend de ce stage. Vous, monsieur, par exemple, qu'attendez-vous de ce stage ?

*Un participant.* – J'attends de savoir ce qu'on attend de moi.

*Le formateur.* – Bon.

*Un participant.* – J'attends des contacts humains.

*Un participant.* – Je ne sais pas ce que j'attends.

*Un participant.* – J'attends votre exposé.

*Un participant.* – Comme lui, j'attends de savoir ce qu'on attend de moi.

*Un participant.* – Je ne sais pas pourquoi je suis ici.

*Un participant.* – Est-ce qu'on peut s'exprimer ?

*Le formateur.* – Oui.

Silence.

*Le formateur.* – Exprimez-vous.

Silence.

*Le formateur. – Bon. Si j'ai bien compris, votre direction me demande de faire un stage de management, alors que vous n'êtes pas managers, puisque vous ne commandez personne.*

Silence.

*Le formateur. – Autrement dit, vous n'avez personne sous vos ordres ?*

*Un participant. – Nous n'avons pas dit ça.*

*Le formateur. – Si.*

*Un participant. – Non, nous n'avons pas dit ça.*

*Le formateur. – Pourriez-vous vous expliquer ?*

*Un participant. – Si je prends mon cas personnel, j'ai treize personnes sous mes ordres.*

*Le formateur. – Ah ! Et vous ?*

*Un participant. – J'en ai sept.*

*Le formateur. – Et vous ?*

*Un participant. – Je n'en connais pas le nombre exact.*

*Le formateur. – Et vous ?*

*Un participant. – Si je prends mon cas personnel, j'en ai cinq sous mes ordres.*

*Le formateur. – Et vous ?*

*Un participant. – On ne m'a jamais donné le nombre exact.*

*Le formateur. – Et vous ?*

*Un participant. – J'ai un adjoint. Est-ce que ça compte ?*

*Le formateur. – Et vous ?*

*Un participant. – Ça dépend si je ne compte que les commis ou s'il faut que j'ajoute les agents qui dépendent des commis. Comment faut-il compter ?*

*Le formateur. – Et vous ?*

*Un participant. –* Moi, je n'ai jamais su s'il fallait que je me compte ou non dans le lot.

*Un participant. –* Moi, je ne me compte pas. S'il fallait compter avec soi, alors, on n'en finirait plus.

*Le formateur. –* Continuons le tour de table.

*Un participant. –* Si je prends mon cas personnel, j'en ai neuf.

*Le formateur. –* Pourquoi dites-vous : « Si je prends mon cas personnel » ?

*Un participant. –* Quoi ! Ne peut-on pas prendre son cas personnel ?

*Un participant. –* Il peut prendre son cas personnel.

*Le formateur. –* Qu'il prenne son cas personnel.

Les uns après les autres, les participants hésitent plus ou moins à déclarer des chiffres.

*Le formateur. –* Si j'ai bien compris, vous avez des personnes sous vos ordres et vous ne commandez personne.

*Un participant. –* On ne l'a pas dit en même temps.

*Le formateur. –* Non, bien sûr. Mais, à quelques secondes d'intervalle, vous dites à la fois que vous ne commandez personne et que vous avez un nombre, d'ailleurs incertain, de personnes sous vos ordres.

*Un participant. –* C'est bien ça.

*Le formateur. –* Comment expliquez-vous ça ?

*Un participant. –* À question différente, réponse différente.

*Le formateur. –* Soit ! Mais comment pouvez-vous ne pas commander des personnes qui sont sous vos ordres ?

*Un participant. –* C'est bien simple, il suffit de ne pas le faire. D'ailleurs, si on les commandait, on ne les aurait plus sous nos ordres.

*Le formateur. –* Je ne comprends pas très bien.

*Un participant. – Ils ne restent sous nos ordres que parce que nous ne les commandons pas.*

*Le formateur. – Je ne comprends pas très bien.*

*Un participant. – C'est pourtant simple. Ça veut dire qu'ils sont sous nos ordres, mais qu'on ne leur donne pas d'ordres.*

*Le formateur. – Et pourquoi donc ?*

*Un participant. – Parce que si on leur donnait des ordres, ils pourraient ne pas les suivre. Et, dans ce cas, on perdrait toute autorité. Si on perdait toute autorité et tout contrôle, on ne serait plus contrôleurs, et les commis ne seraient plus sous nos ordres.*

*Le formateur. – Comment expliquez-vous cette situation ?*

*Un participant. – Il n'y a rien à expliquer, ce sont des faits. Dans le stage précédent, le formateur nous a appris à distinguer les faits, les opinions et les sentiments.*

*Le formateur. – Justement, quel est votre sentiment sur votre travail ?*

*Un participant. – Dans le travail, on ne fait pas de sentiments.*

*Le formateur. – Bon, reprenons. Vous ne les commandez pas parce qu'ils font d'eux-mêmes ce qu'ils doivent faire ?*

*Un participant. – Oui. Oui. Ils le font tout seuls, comme nous.*

*Le formateur. – Comment vous sentez-vous ? (Silence) Vous vous sentez bien. Mais, tout de même, de temps en temps, vous contrôlez ce qu'ils font pour vérifier que ce n'est pas la peine de les commander ?*

*Un participant. – Non, c'est trop délicat. L'oserions-nous que ça risquerait de nous obliger à commander : la vérification détruit l'ordre, comme l'observateur perturbe l'observé. Nous sommes contrôleurs, mais nous ne contrôlons pas les commis.*

*Le formateur. – Et pourquoi ?*

*Un participant. – Ils ne l'accepteraient pas et ils nous feraient des réflexions.*

*Le formateur. – Qu'est-ce qui est le plus difficile dans votre métier ?*

*Un participant. – On n'a pas de métier, on a plutôt un travail.*

*Un participant. – Non. On n'a pas de travail, on a plutôt un emploi.*

*Le formateur. – Comment distinguez-vous les mots « métier », « travail » et « emploi » ?*

*Un participant. – Puis-je prendre « emploi » ? Je crois que je sais. S'il vous plaît.*

*Le formateur. – Si vous voulez.*

*Un participant. – Bon, je me lance. Des gens cherchent un emploi parce qu'ils ne savent pas s'employer eux-mêmes. Sans emploi, ils s'ennuieraient ou commettraient des crimes. On veut un emploi pour penser à autre chose que ce à quoi on penserait sans emploi. Un emploi est agréable pour soi tandis qu'un métier est agréable pour les autres, et donc aussi pour soi, mais par conséquence. Celui qui a un métier sait faire quelque chose d'utile, celui qui a un emploi ne sait rien faire de lui-même, alors on l'emploie, on lui donne un chef et on lui dit ce qu'il faut faire. Comme ça ne vient pas de lui, ça ne peut pas être très sorcier. D'ailleurs, qui a un emploi s'ennuie.*

*Le formateur. – Et « travail » ?*

*Un participant. – Moi. Je prends « travail » ?*

*Le formateur. – Si vous voulez.*

*Un participant. – Facile. Le travail, c'est ce qui est pénible. Ça ne sert pas à celui qui le fait, mais à celui pour qui on le fait et qui paye pour ça parce que ça l'ennuie de le faire lui-même. Sans doute parce qu'il est trop bien de sa personne.*

*Un participant. – Comme un attaché.*

*Le formateur.* – *Alors finalement, faites-vous un métier, un travail ou un emploi ?*

*Un participant.* – *Nous, nous avons un travail d'emploi. « Travail » parce que c'est pénible et d'« emploi » parce qu'on doit dire aux autres ce qu'ils doivent faire.*

*Un participant.* – *Moi, je dirais plutôt que nous avons un emploi de travail.*

*Le formateur.* – *Soit ! Qu'est-ce qui est le plus difficile dans votre activité ?*

*Un participant.* – *C'est d'échapper à nos subordonnés, les commis. Ils veulent toujours avoir raison et ils ont réponse à tout.*

*Un participant.* – *En fait, c'est nous qui sommes contrôlés.*

*Le formateur.* – *Que vos chefs vous contrôlent, je ne vois là rien de surprenant.*

*Un participant.* – *Ce ne sont pas nos chefs qui nous contrôlent, ce sont les commis qui sont sous nos ordres et c'est même pour ça qu'on ne les commande pas.*

*Le formateur.* – *Voulez-vous dire que les commis contrôlent que vous ne les commandez pas ?*

*Un participant.* – *Je n'y ai jamais pensé, mais c'est ça.*

*Le formateur.* – *Et si vous commenciez à les commander, que se passerait-il ?*

*Un participant.* – *Ils pourraient nous donner encore plus de travail. Ainsi n'aurait-on plus le temps de contrôler.*

*Le formateur.* – *Parce que les commis qui sont, si j'ose dire, vos inférieurs hiérarchiques, vous donnent du travail ?*

*Un participant.* – *Pourquoi dites-vous inférieurs hiérarchiques ? « Inférieurs » suffit.*

*Le formateur.* – *Bon. Parce que les commis qui sont, si j'ose dire, vos inférieurs, vous donnent du travail ?*

*Un participant.* – Osez. Osez.

*Un participant.* – Il faut reconnaître que parfois ils en ont trop.

*Le formateur.* – Mais comment savez-vous qu'ils en ont trop ?

*Un participant.* – Eh bien, quand ils nous en donnent. C'est le signe.

*Le formateur.* – Y a-t-il d'autres signes ?

*Un participant.* – Oui. Ils nous donnent du travail quand on les regarde.

*Le formateur.* – Alors que faites-vous pour qu'ils ne vous en donnent pas trop ?

*Un participant.* – Il n'y a qu'une chose à faire, c'est de travailler beaucoup pour montrer qu'on n'a pas le temps. Et quand on travaille beaucoup, on n'a pas non plus le temps de les regarder, donc on se retrouve avec une forte productivité et une faible charge.

*Le formateur.* – Mais quel genre de travail faites-vous ?

*Un participant.* – Comme tout est délégué, on devrait faire le même travail qu'eux. Mais, en réalité, on en fait plus.

*Le formateur.* – Pourquoi en faites-vous plus ?

*Un participant.* – Pour avoir de l'autorité, il faut montrer aux commis qu'on sait faire leur travail. Il ne faut pas se commettre avec eux par les yeux, sinon ça pourrait nous entraîner à en faire encore plus.

*Le formateur.* – Vous ne vous commettez pas avec les commis par les yeux ?

*Un participant.* – Vous savez, les commis ne se commettent pas non plus avec nous.

*Un participant.* – Encore une fois, quand on les regarde, ils sont tentés de nous donner du travail, et nous, de l'accepter.

*Le formateur.* – Voulez-vous dire que, lorsque vous les regardez dans les yeux, vous avez tendance à leur proposer de faire leur travail à leur place ?

*Un participant.* – Ce qui est vrai, c'est que regarder quelqu'un dans les yeux, c'est comprendre ce qu'il désire. Entre comprendre et obéir, il n'y a qu'un pas.

*Le formateur.* – Est-ce que je me trompe ou c'est un peu comme si vous étiez sous leurs ordres ?

*Un participant.* – Là, vous exagérez.

*Un participant.* – Ce n'est pas possible puisque nous sommes des contrôleurs et qu'ils sont des commis. On n'a jamais vu un commis commander un contrôleur.

*Le formateur.* – Donc, vous n'animez pas vraiment votre équipe ?

*Un participant.* – Que voulez-vous dire par là ?

*Le formateur.* – Que vous n'animez pas votre équipe ? Par exemple, que vous ne faites pas de réunions.

*Un participant.* – Mais il n'y a rien à animer. Évidemment que je ne fais pas de réunions. Si je faisais des réunions, ou bien je n'aurais rien à dire ou bien ils ne viendraient pas. Ça va encore parler d'équipe dans le fouteballe, mais pas dans le travail. On n'est pas là pour jouer.

*Le formateur.* – Vous êtes-vous déjà plaints de cette situation à votre chef ?

*Un participant.* – Nous n'avons pas de chef, nous avons des attachés.

*Un participant.* – Il n'y a pas lieu de se plaindre des commis, parce que quand nous faisons correctement notre travail, ils nous fichent la paix.

*Le formateur.* – Bon.

*Un participant.* – Vous devez comprendre que, si nous voulons que les commis fassent bien leur travail, il faut qu'ils nous *fichent la paix. Et pour qu'ils nous fichent la paix, il faut qu'on ne les commande pas.*

*Un participant. – Et surtout, il ne faut pas qu'on les regarde.*

*Un participant. – Ce n'est pas ça. On ne peut pas se plaindre aux attachés parce qu'on ne les voit jamais.*

*Le formateur. – Et pourquoi donc ne les voyez-vous jamais ?*

*Un participant. – On ne les voit jamais parce qu'ils sont toujours ou bien en réunion ou bien en déplacement. Ils font ça entre eux.*

*Un participant. – Ils sont indisponibles.*

*Le formateur. – Sont-ils toujours indisponibles ?*

*Un participant. – S'ils étaient disponibles, ils auraient du temps pour nous écouter. Et s'ils nous écoutaient, ils seraient un peu sous nos ordres. Or, ce sont des attachés, et on n'a jamais vu un contrôleur commander un attaché.*

*Le formateur. – Voulez-vous dire aussi que, comme vous ne voyez jamais les attachés, ils ne vous commandent pas ?*

*Un participant. – On ne l'a pas dit, mais c'est bien ça. Et comme ils ne nous commandent pas, ils ne nous donnent pas d'ordres.*

*Le formateur. – Donc, si j'ai bien compris, il y a dans l'ordre hiérarchique, d'abord les attachés, puis les contrôleurs, et ensuite les commis ?*

*Un participant. – C'est cela même.*

*Le formateur. – À quoi les attachés tiennent-ils le plus ?*

*Un participant. – À être attachés, sûrement.*

*Le formateur. – Pardon ?*

*Un participant. – Les attachés sont particulièrement attachés à être attachés. Ils ont passé des examens et des concours administratifs pour ça. Du reste, les attachés ne sont pas à la tâche. Et ils n'aimeraient pas être confondus avec nous, les contrôleurs.*

*C'est même pour ne pas courir le risque qu'ils soient confondus avec nous qu'ils ne tiennent pas trop à nous voir et à nous contrôler. Alors, ils font des réunions entre eux ou bien ils vont en déplacement, mais toujours entre eux.*

*Un participant. – Comme nous qui sommes entre nous.*

*Un participant. – Entre eux et entre nous, ce n'est pas pareil. Ne sommes-nous pas entre les attachés et les commis ? Donc, entre eux, c'est nous, les contrôleurs. Entre nous, c'est comme nous sommes en ce moment dans cette salle, ou comme eux quand ils sont entre eux en déplacement.*

*Le formateur. – Savez-vous où vont les attachés quand ils vont en déplacement ?*

*Un participant. – Nous ne le savons pas, mais c'est sûrement à Paris. Enfin, moi, si j'étais attaché, c'est à Paris que j'irais en déplacement.*

*Le formateur. – Imaginons un instant que vous rencontriez des attachés, que se passerait-il ?*

*Un participant. – Qu'on se rencontre dans les couloirs, par exemple ? Mais ça arrive tous les jours qu'on se rencontre. Comment vous dire ? On se salue. Ils sont très polis avec nous et nous sommes très polis avec eux.*

*Le formateur. – Soyez plus précis.*

*Un participant. – Vous nous faites beaucoup travailler… Bon, quand un contrôleur rencontre un attaché dans un couloir, il lui dit bonjour. Ce n'est pas la peine de dire : « Bonjour, monsieur l'attaché », si c'est ça qui vous intéresse.*

*Le formateur. – Soyez plus général.*

*Un participant. – Si les attachés nous fréquentaient, ils nous écouteraient ; ils seraient donc un peu comme nous, donc moins attachés et plus contrôleurs, et forcément, plus malheureux. Nous, c'est pareil : si on fréquentait les commis, on les écouterait. Donc, ça vous explique pourquoi on ne se commet pas avec les commis.*

*Le formateur.* – Vous ne trouvez pas qu'il fait un peu froid ici ?

*Un participant.* – Moi, je trouve plutôt qu'il fait un peu chaud.

*Le formateur.* – Si j'ai bien compris, vous ne vous mêlez ni avec les attachés qui sont vos responsables, ni avec les commis qui sont vos collaborateurs.

*Un participant.* – Vous avez bien compris. Mais nous ici, à la direction régionale des statistiques et des brevets de l'Industrie et de la Recherche, nous ne disons ni responsable ni collaborateur.

*Le formateur.* – Et pourquoi donc ?

*Un participant.* – Les mots attaché, contrôleur et commis suffisent. Nous n'avons pas besoin d'autres mots. S'il y en avait d'autres, il y aurait des risques de confusion, avec tout ce qui s'ensuit.

*Le formateur.* – Quel risque de confusion ?

*Un participant.* – On ne saurait jamais si collaborateur désigne le commis par rapport au contrôleur ou le contrôleur par rapport à l'attaché.

*Le formateur.* – Je comprends.

*Un participant.* – Ou si responsable désigne l'attaché par rapport au contrôleur ou le contrôleur par rapport au commis.

*Le formateur.* – Je comprends.

*Un participant.* – Par exemple, un attaché aurait besoin de voir un contrôleur. Alors, il dirait à la secrétaire : « J'ai besoin de voir un collaborateur. » La secrétaire ne saurait pas si elle doit appeler un contrôleur ou un commis. Vous voyez le désordre...

*Un participant.* – Il faudrait que la secrétaire contrôle qu'un tel est contrôleur ou commis. Or, les secrétaires ne peuvent pas être dans le secret des noms.

*Un participant.* – D'autant plus ou d'autant moins, je ne sais pas comment il faut dire, que « responsable » pourrait également désigner l'attaché par rapport au commis. Ne négligeons pas la possibilité logique du court-circuit.

*Le formateur.* – Bon. Maintenant, je vois mieux. Je voudrais vous raconter une parabole. La voici. Quelqu'un passe près d'un chantier où travaillent des maçons. Il interroge un premier maçon : « Que fais-tu ? » Le premier maçon répond : « Je gagne ma croûte. » Puis, il interroge un deuxième maçon : « Que fais-tu ? » Le deuxième maçon répond : « Je monte un mur. » Enfin, il interroge un troisième maçon : « Que fais-tu ? » Le troisième maçon répond : « Je construis une cathédrale. » Qu'en pensez-vous ?

*Un participant.* – J'ai trouvé ! C'est quelqu'un de la police.

*Un participant.* – Toujours les mêmes qui répondent.

*Un participant.* – Oui. J'allais le dire. Si les maçons répondent, alors qu'ils ne connaissent pas ce quelqu'un, c'est qu'ils ont deviné qu'il était de la police.

*Un participant.* – Nous, ce n'est pas comme le policier et les maçons.

*Le formateur.* – Mais encore ?

*Un participant.* – Le policier regarde les maçons dans les yeux tandis que l'attaché regarde le contrôleur par-dessus la tête, ou bien il ne le regarde pas.

*Le formateur.* – Mais encore ?

*Un participant.* – Ça n'est pas très mortivant.

*Un participant.* – C'est motivant qu'il veut dire.

*Un participant.* – Il y a quelque chose que je ne comprends pas.

*Le formateur.* – Qu'est-ce ?

*Un participant.* – C'est vous le professeur et c'est nous qui parlons le plus.

*Un participant.* – On dirait qu'il y a, dans cette salle, douze professeurs et un élève. C'est le monde à l'envers.

*Un participant.* – Vous qui êtes le professeur, vous nous posez des questions comme si vous nous commandiez, alors que nous ne sommes pas sous vos ordres.

*Le formateur.* – Oui, c'est juste.

*Un participant.* – C'est injuste.

*Le formateur.* – C'est juste. Si les commis ne se commettent pas, si les contrôleurs ne contrôlent pas, si les attachés ne sont pas à la tâche, alors les professeurs ne professent pas, et il n'y a plus qu'à tirer le rideau.

## Fin

# 13

# Bibliothèque de jeux de rôle

Cette bibliothèque de quarante jeux de rôle obéit à trois intentions : d'une part, mettre à la disposition des formateurs des jeux de rôle tout préparés, prêts à consommer, en fonction des besoins les plus couramment recensés, le terme *besoins* recouvrant à la fois des domaines (management, recrutement, vente, etc.) et des publics (cadres, secrétaires, jeunes embauchés, étudiants de grandes écoles, etc.). D'autre part, montrer la variété des situations qui peuvent faire l'objet de jeux de rôle de manière à encourager les formateurs à préférer, dans la mesure du possible, la formation centrée sur l'apprentissage à la formation centrée sur l'enseignement. Enfin, cette même variété de jeux de rôle devrait permettre aux formateurs de construire leurs propres jeux de rôle en imitant ceux qui sont proposés.

- ❖ Communication et négociation : page 184 à page 193
- ❖ Entretien de management : page 194 à page 203
- ❖ Recrutement : page 204 à page 208
- ❖ Réunion de service : page 209 à page 217
- ❖ Vente : page 218 à page 222

## Index alphabétique des jeux de rôle

# L'héritage

**Feuille A : analysé**

1) Acteurs :  vous – Pierre

   lui – votre cousin Serge

2) Votre situation : vous partagez, depuis une dizaine d'années, avec votre cousin Serge une maison provenant d'un héritage commun. Vous avez négocié entre vous l'usage de cette maison. Serge utilise la maison en août et à Noël ; vous à Pâques et en juillet. Durant le reste de l'année, chacun en a l'usage un week-end sur deux.

En début d'année, vous avez été licencié. Heureusement pour vous, vous avez aussitôt retrouvé un nouvel emploi. Malheureusement, impossible en tant que nouvel embauché d'exiger de prendre vos vacances d'été comme d'habitude au mois de juillet. Vous rencontrez votre cousin pour lui expliquer la situation et vous lui demandez de vous laisser la maison cette année au mois d'août.

..................................................................................................

**Feuille B : prétexte**

1) Acteurs :  vous – Serge

   lui – votre cousin Pierre

2) Votre situation : vous partagez avec Pierre, votre cousin, l'usage d'une maison provenant d'un héritage commun. Jusqu'à présent, vous aviez la maison durant le mois d'août et les fêtes de Noël ; lui, à Pâques et au mois de juillet ; durant le reste de l'année, chacun en avait l'usage un week-end sur deux. Vous avez maintenant pris l'habitude de prendre vos vacances à ces dates.

Votre cousin vous a vaguement dit au téléphone qu'il voudrait cet été prendre ses vacances au mois d'août. Vous ne voyez pas de raison pour que cela change. Votre caractère vous porte généralement à penser que chacun doit régler ses problèmes sans y mêler les autres.

# Les vacances

**Feuille A : analysé**

1) Acteurs :   vous – Georges

lui – Stéphane

2) Votre situation : vous avez loué pour l'été une villa avec un couple d'amis (lui est votre collègue de bureau depuis six ans). Depuis votre arrivée, tout est parfait : vos deux fils de quinze et dix-sept ans se sont immédiatement liés d'amitié avec les enfants de vos amis, une jeune fille de 16 ans et un garçon du même âge que votre aîné. Vous passez d'excellentes vacances, votre femme et vos enfants sont ravis. Les quatre adolescents passent leurs journées de leur côté sur la plage avec des copains ; le soir ils fréquentent l'unique discothèque jusqu'à 2-3 h heures du matin. En fait, vous ne les voyez pratiquement qu'aux heures des repas et cela vous rappelle votre propre jeunesse. Vous êtes en train de prendre calmement l'apéritif avec votre ami Stéphane.

....................................................................................

**Feuille B : prétexte**

1) Acteurs :   vous – Stéphane

lui – Georges

2) Votre situation : vous avez loué pour l'été une villa avec un couple d'amis (lui est votre collègue de bureau depuis six ans). Depuis votre arrivée, votre fille (seize ans) et votre fils (dix-sept ans) se sont liés d'amitié avec les deux fils de votre ami (quinze et dix-sept ans) ; les enfants passent leurs journées de leur côté, sur la plage avec des copains ; le soir, ils fréquentent la discothèque jusqu'à 2-3 h du matin. C'est simple, vous ne les voyez que pour les repas. Vous profitez de l'heure de l'apéritif où vous êtes entre hommes, pour demander à Georges d'exiger de ses enfants, comme vous allez le faire des vôtres, de ne plus rentrer au-delà de 1 h. Vous comptez sur sa fermeté, car vous connaissez l'autorité dont il sait faire preuve au bureau. Vraiment ! Les jeunes ne savent jamais être raisonnables.

# *La perruque*

**Feuille A : analysé**

1) Acteurs :    vous – M. Duit

    lui – M. Ravé

2) Votre situation : votre collaborateur M. Ravé, qui dirige une équipe de sept personnes, porte une perruque. Cela fait jaser tout le monde, y compris la propre équipe de M. Ravé qui, lui, ne se doute de rien. À part cela, c'est un bon collaborateur. Mais cette perruque lui fait perdre beaucoup de sa crédibilité ; d'ailleurs, c'est la raison pour laquelle vous hésitez à lui donner une promotion.

Bref, vous voulez lui dire que cette perruque le dessert, et qu'il serait bon, pour lui-même, qu'il y renonce.

............................................................................................

**Feuille B : prétexte**

1) Acteurs :    vous – M. Ravé

    lui – M. Duit, votre patron

2) Votre situation : vous avez sept collaborateurs dans votre équipe et tout marche très bien. Vous avez remarqué que certains de vos collaborateurs plus jeunes sont quelquefois impertinents avec vous (ils rient sous cape), mais enfin, vous pensez que c'est de leur âge. Vous trouvez surprenant que M. Duit ne vous ait pas proposé de promotion l'année passée, bien qu'il vous ait toujours dit que votre travail le satisfaisait pleinement.

Vous filez un parfait amour avec M^me Ravé, de quinze ans plus jeune que vous, et c'est pour elle que vous portez une perruque. Autant de choses d'ailleurs qui ne regardent en rien l'entreprise.

# L'essai thérapeutique

**Feuille A : analysé**

1) Acteurs :    vous – docteur Gattegno

lui – M. Dufour

2) Votre situation : vous êtes médecin généraliste ; un laboratoire vous a proposé de participer à l'évaluation thérapeutique d'un nouveau médicament, un analgésique, contre l'arthrose. Un de vos patients, M. Dufour, un agriculteur de 65 ans que vous suivez depuis des années, a exactement le profil pour participer à cet essai. Cela fait des années qu'il souffre d'une arthrose de la hanche ; jusqu'à présent aucune des thérapeutiques que vous avez tentées n'est arrivée à le soulager lors de ses crises. Vous comptez lui proposer de participer à cet essai. Le code de déontologie vous oblige à recueillir son consentement écrit et à l'informer que le tirage au sort des lots d'échantillons du médicament peut faire qu'au lieu de recevoir le médicament, il lui soit prescrit un placebo s'il fait partie de la population témoin.

.................................................................................................

**Feuille B : prétexte**

1) Acteurs :    vous – M. Dufour

lui – le docteur Gattegno

2) Votre situation : vous avez rendez-vous avec le docteur Gattegno. Vous le connaissez bien, puisque cela fait dix ans qu'il est votre médecin. Vous venez encore une fois le voir pour votre arthrose de la hanche qui persiste et vous fait souffrir.

Comme d'habitude, vous venez pour qu'il vous prescrive un analgésique, bien que tous ceux qu'il vous ait donnés jusqu'à ce jour ne vous aient pas fait grand-chose.

# *Le redoublement*

**Feuille A : analysé**

1) Acteurs :    vous – un parent d'élève

                  lui – un directeur de collège

2) Votre situation : après le conseil de classe, votre fils Nicolas fait partie des élèves pour qui une proposition de redoublement a été retenue. Vous contestez absolument cette décision, car si vous reconnaissez volontiers qu'il n'est pas le meilleur de sa classe, son niveau, excepté en mathématiques, est tout à fait moyen. De plus, son grand copain Paul, dont les bulletins trimestriels ont été tous les trois moins bons que ceux de votre fils, a été autorisé, lui, à passer en classe de troisième. Incompréhensible !

Vous allez au rendez-vous que vous avez demandé au directeur de l'établissement et vous êtes déterminé à obtenir gain de cause.

...............................................................................................................

**Feuille B : prétexte**

1) Acteurs :    vous – un directeur de collège

                  lui – un parent d'élève

2) Votre situation : les parents du jeune Nicolas vous ont demandé un rendez-vous concernant la proposition de redoublement émise par le conseil de classe. Avant le rendez-vous, vous consultez les bulletins trimestriels de cet élève et constatez qu'ils sont, sinon catastrophiques, pour le moins médiocres.

Hé voilà ! Comme chaque année, ce sont les mêmes histoires qui recommencent. Des parents qui ne peuvent admettre que leur rejeton redouble. Des professeurs pas toujours rigoureux mais très susceptibles aussitôt que l'on ne suit pas à la lettre leurs recommandations. Entre le marteau et l'enclume, qui trouve-t-on ? Bien sûr, le chef d'établissement.

# La boutique

**Feuille A : analysé**

1) Acteurs :  vous – Jacques
                 lui – Michel

2) Votre situation : associé depuis cinq ans avec un ami dans une boutique de prêt-à-porter, vous avez depuis deux ans des divergences dans la conduite de vos affaires. En effet, il refuse le moindre changement dans le style de vêtements vendus, s'en tenant à une ligne très classique, trop classique à votre avis. Vous avez déjà par le passé plusieurs fois tiré la sonnette d'alarme, craignant que cette politique ne nuise au développement de l'entreprise et vous fasse perdre des clients au profit de vos concurrents qui, eux, se renouvellent constamment. Vous devez aujourd'hui décider ensemble des achats de la saison prochaine, et cette fois-ci, vous avez bien l'intention de ne pas céder comme vous l'avez fait par amitié dans le passé ; d'autant que cette année, la boutique a subi une baisse notable de ses ventes.

......................................................................................................

**Feuille B : prétexte**

1) Acteurs :  vous – Michel
                 lui – Jacques

2) Votre situation : associé depuis cinq ans avec un ami dans une boutique de prêt-à-porter, vous le rencontrez aujourd'hui pour décider des achats de la saison prochaine.

Les deux saisons passées ont été médiocres en raison d'un hiver trop clément et d'un été pourri. Heureusement que malgré un penchant de votre associé pour les vêtements « à la mode » et ses ambitions de développement du magasin, vous avez réussi à faire garder à la boutique un style très classique ; autrement, vous en êtes persuadé, les affaires auraient encore été moins bonnes. D'ailleurs, la situation n'est pas aussi mauvaise que cet alarmiste de Jacques le pense.

# *Psyché*

**Feuille A : analysé**

1) Acteurs :    vous – le réceptionniste

                         lui – M. Trichet

2) Votre situation : vous êtes réceptionniste à l'hôtel Psyché depuis de nombreuses années. Votre fonction consiste à accueillir les clients qui se présentent à la réception. Vous connaissez pratiquement chacun des habitués de l'hôtel par son nom, puisque la clientèle est composée pour une bonne part d'hommes d'affaires qui descendent régulièrement chez vous en raison de la qualité du service qui a fait la réputation de la chaîne d'hôtel Psyché.

L'hôtel est complet pour les trois jours à venir. C'est le Salon de l'auto. Comme chaque année, Paris est pris d'assaut et il est pratiquement impossible à un visiteur qui n'a pas réservé de longue date de trouver à se loger.

......................................................................................................

**Feuille B : prétexte**

1) Acteurs :    vous – M. Trichet

                         lui – le réceptionniste

2) Votre situation : vous êtes directeur commercial d'une société de microélectronique et vous passez au moins trois à quatre jours par mois en déplacement. Vous avez pris l'habitude de descendre dans les hôtels de la chaîne Psyché en raison de l'excellente qualité du service. Vous êtes un client fidèle des Psyché de Paris, Toulouse et Lyon où vos affaires vous amènent régulièrement.

Un imprévu vous a obligé à monter précipitamment à Paris sans avoir eu le temps de réserver. À votre arrivée, vous vous présentez à la réception de l'hôtel Psyché afin d'y prendre une chambre pour la nuit.

# L'accrochage

**Feuille A : analysé**

1) Acteurs :     vous – le conducteur A

                       lui – le conducteur B

2) Votre situation : le véhicule qui vous précédait a tourné à gauche sans crier gare. Les gens aujourd'hui conduisent vraiment n'importe comment ! Résultat : une légère estafilade à l'aile avant gauche de votre véhicule ; et pour l'autre automobiliste, un feu arrière droit brisé.

Ce qui vous désole le plus, c'est que cette histoire risque de faire sauter votre bonus. 30 %, cela représente une jolie somme ! Vous souhaitez régler cet incident à l'amiable sans faire intervenir votre assureur.

...............................................................................................................

**Feuille B : prétexte**

1) Acteurs :     vous – le conducteur B

                       lui – le conducteur A

2) Votre situation : le véhicule qui vous suivait vient de vous percuter à l'arrière alors que vous vous apprêtiez à tourner à gauche. Vous êtes très mécontent, car votre véhicule n'a que deux mois et le voici déjà avec un pare-chocs arrière tordu (lors d'une marche arrière malheureuse) et maintenant un feu brisé. Mais au fait ! N'est-ce pas là une bonne occasion de le faire redresser à l'œil, le pare-chocs ?

# Vive la télé !

**Feuille A : analysé**

1) Acteurs :    vous – M. Boinot

elle – Mme Boinot

2) Votre situation : C'est la Coupe d'Europe des Clubs. L'OM va gagner. Enfin, la France en finale ! Pour rien au monde vous ne manqueriez cette soirée de télévision. Vous allez à la cuisine pour demander à votre femme de vous préparer un plateau télé.

...........................................................................................................

**Feuille B : prétexte**

1) Acteurs :    vous – Mme Boinot

lui – M. Boinot

2) Votre situation : vous vous dépêchez de préparer le repas de votre mari, car vous avez décidé de manger avec un plateau devant la télévision. En effet, ce soir France 2 a programmé *Autant en emporte le vent*. C'est votre film préféré. C'est celui que vous avez vu pour la première fois avec votre fiancé, devenu votre mari. Ah ! Quel merveilleux souvenir vous avez de cette soirée !

# La tasse de café

**Feuille A : analysé**

1) Acteurs :    vous – M. Mutterer

elle – votre secrétaire

2) Votre situation : Mlle Lenoir entre dans votre bureau et, comme chaque matin, vous allez lui demander de préparer deux tasses de café, l'une pour vous et l'autre pour elle.

Vous trouvez agréable de commencer la journée par ce rituel convivial qui crée de bonnes relations entre vous et votre secrétaire.

..................................................................................................

**Feuille B : prétexte**

1) Acteurs :    vous – la secrétaire

lui – votre patron, M. Mutterer

2) Votre situation : vous entrez dans le bureau de votre patron, M. Mutterer. Comme tous les matins, il va vous demander de préparer deux tasses de café : une pour lui, une pour vous. Ce rituel vous humilie. Vous avez décidé de lui expliquer que vous ne vouliez plus le faire.

# *Le contrat*

**Feuille A : analysé**

1) Acteurs :    vous - M. Lion

                       lui - M. Chalabert

2) Votre situation : un de vos collaborateurs a commis une faute grave. Il a par distraction oublié des documents chez un concurrent et donc fait prendre connaissance à celui-ci d'informations sur de nouveaux contrats confidentiels que vous lui aviez confiés pour consultation. La direction de l'entreprise comptait dessus pour augmenter ses parts de marché.

Vous le convoquez, séance tenante.

...................................................................................................

**Feuille B : prétexte**

1) Acteurs :    vous - M. Chalabert

                       lui - M. Lion, votre patron

2) Votre situation : vous êtes M. Chalabert. Vous avez par distraction laissé chez un concurrent un dossier qui contenait de nouveaux contrats confidentiels que votre directeur, M. Lion, vous avait confiés pour consultation.

Il vient de vous convoquer. Vous craignez que cette affaire ne puisse aller jusqu'au licenciement.

# L'entretien d'appréciation

**Feuille A : analysé**

1) Acteurs :    vous - M. Baudrillart

lui - M. Gires

2) Votre situation : vous avez convoqué, selon les règles, votre collaborateur à 9 h pour un entretien annuel d'appréciation du personnel. À 9 h 15, il n'est pas là. Vous l'appelez dans son bureau et il frappe à la porte à 9 h 30. Ce contretemps qui bouscule votre planning de travail de la matinée vous met en colère.

M. Gires est un bon collaborateur et l'équipe de huit personnes qu'il a sous sa responsabilité marche plutôt bien.

..............................................................................

**Feuille B : prétexte**

1) Acteurs :    vous - M. Gires

lui - M. Baudrillart, votre patron

2) Votre situation : votre responsable hiérarchique vous avait convoqué ce matin pour un entretien annuel d'appréciation. Vous n'y avez pas accordé d'importance, vu que vous êtes un collaborateur efficace et que votre patron vous l'a déjà signifié. D'ailleurs, vous ne voyez pas l'intérêt de cet entretien, puisque vous voyez M. Baudrillart quand vous le souhaitez. À 9 h 15, il vous appelle au téléphone pour vous rappeler l'entretien auquel vous vous rendez finalement à 9 h 30.

Vous menez bien votre équipe de huit personnes, mais vous n'aimez pas ce nouveau gadget d'appréciation du personnel. Vous estimez que si l'entreprise était moins sensible aux modes, on perdrait moins de temps à bavarder au lieu de travailler.

# Le teckel

**Feuille A : analysé**

1) Acteurs :    vous – M. Arnaud

   lui – M. Grandin

2) Votre situation : votre subordonné M. Grandin vous a demandé un entretien à propos d'un conflit qui l'oppose à l'une de ses subordonnées, M^me Thibaud. Vous avez très peu d'informations sur le conflit. Vous croyez savoir qu'il s'agit d'une histoire de « chien » !

Vous avez du mal à comprendre que ce genre de problème puisse remonter jusqu'à vous ou même vous être soumis.

...................................................................................

**Feuille B : prétexte**

1) Acteurs :    vous – M. Grandin

   lui – M. Arnaud, votre patron

2) Votre situation : vous êtes en conflit avec une de vos collaboratrices, M^me Thibaud, à propos de son chien. Celle-ci, depuis son divorce, arrive au bureau avec son énorme berger allemand. Un autre de vos subordonnés, un brave type, vient depuis des années avec son teckel sans que cela ait jamais posé aucun problème. Alors que maintenant, avec ce molosse, on est obligé de fermer toutes les portes des bureaux, car à chaque fois que les deux bêtes se croisent, ce ne sont qu'aboiements et bagarres. Vous avez donc prié M^me Thibaud de ne plus amener son chien, mais elle ne veut rien entendre, prétextant qu'il y en a déjà un. Pourtant, elle devrait comprendre qu'un teckel, ce n'est pas un berger allemand !

Vous vous rendez donc chez votre patron pour chercher l'appui de son autorité afin de faire entendre raison à M^me Thibaud.

# Le malentendu

**Feuille A : analysé**

1) Acteurs :   vous – M. Bertrant

                 lui – M. Chapier, votre patron

2) Votre situation : votre patron, l'année dernière, ne vous avait défini comme à son habitude aucun objectif. Dans cette situation, que vous trouviez incontrôlable, vous aviez pris l'initiative pour vous-même et votre équipe de vous fixer comme objectif un accroissement de votre chiffre d'affaires de 5 % de mieux que l'année précédente. Vous avez dépassé cet objectif, puisque vous avez réalisé un chiffre d'affaires en augmentation de 7 %.

Vous vous rendez chez votre patron qui vous a convoqué pour faire le point avec vous. Vous vous y rendez satisfait de pouvoir faire état de ce résultat que vous jugez excellent.

..............................................................................

**Feuille B : prétexte**

1) Acteurs :   vous – M. Chapier

                 lui – M. Bertrant

2) Votre situation : vous avez convoqué M. Bertrant, l'un de vos collaborateurs, pour faire le point avec lui sur l'exercice de l'année qui vient de s'achever. Vous n'avez pas eu le temps durant l'année écoulée de vous enquérir des résultats de son service, bien trop occupé que vous étiez par votre propre travail. D'ailleurs, vous avez l'habitude de déléguer, sinon à quoi bon avoir des chefs de service ?

Vous avez confiance en M. Bertrant, et vous êtes sûr qu'il a atteint les 10 % d'augmentation : objectif qui vous avait été assigné par votre hiérarchie en début d'exercice.

# Les délais

**Feuille A : analysé**

1) Acteurs :     vous – M. Pivot

        lui – M. Blanchard

2) Votre situation : votre collaborateur M. Blanchard rend systématiquement en retard le travail dont vous le chargez. Vous lui en avez déjà fait gentiment deux ou trois fois la remarque, mais à chaque fois, il a trouvé tout un tas de bonnes raisons pour justifier ce dépassement des délais. Bien sûr, les missions que vous lui confiez sont généralement bien remplies, mis à part ce problème de délais. Mais vous avez décidé que ça avait assez duré : les dysfonctionnements se répercutent sur tout le service. Dorénavant, vous n'accepterez plus aucun retard.

Vous l'avez convoqué pour lui signifier qu'à partir d'aujourd'hui, il doit se débrouiller pour rendre son travail dans le délai imparti.

........................................................................................

**Feuille B : prétexte**

1) Acteurs :     vous – M. Blanchard

        lui – M. Pivot, votre patron

2) Votre situation : votre patron vous a convoqué pour vous parler des retards que vous avez accumulés. Mais ce n'est pas de votre faute ! Vous manquez de personnels qualifiés, et puis vos collaborateurs sont eux-mêmes toujours en retard.

Une ou deux semaines de retard, qu'est-ce que ça peut faire, si en définitive le travail est bien fait ?

# Roland-Garros

**Feuille A : analysé**

1) Acteurs :     vous – M. Lenoble

                      lui – M. Boyer, votre patron

2) Votre situation : votre patron vous a convoqué pour évoquer le cas de M. Rouget, qui la semaine passée a été absent les jeudi et vendredi, soi-disant en raison d'une méchante grippe. Malheureusement pour lui, votre supérieur hiérarchique l'a reconnu à Roland-Garros le jour des quarts de finale. Au téléphone, votre patron vous a dit qu'il trouvait cela inadmissible et qu'il souhaitait s'entretenir avec vous de la sanction que vous comptiez appliquer.

M. Rouget est votre meilleur collaborateur ; vous n'avez jamais eu de problème avec lui et son travail est toujours parfait ; vous souhaiteriez arranger cet incident à l'amiable.

.........................................................................................................

**Feuille B : prétexte**

1) Acteurs :     vous – M. Boyer

                      lui – M. Lenoble

2) Votre situation : vous avez convoqué votre chef de service M. Lenoble pour lui demander comment il comptait sanctionner un de ses subordonnés, M. Rouget, absent jeudi et vendredi derniers, soi-disant en raison d'une grippe. Pas de chance pour lui ! Vous l'avez vous-même aperçu vendredi à Roland-Garros durant les quarts de finale. Cette attitude vous semble inadmissible de la part d'une personne qui est tout de même un cadre.

# *Le retour*

**Feuille A : analysé**

1) Acteurs :    vous – M. Dubillard

elle – M^me Lang

2) Votre situation : votre secrétaire, M^me Lang, rentre de congé de maternité et vous lui avez fixé un rendez-vous ce matin, jour de reprise de son poste. Vous appréciez votre secrétaire qui est pour vous une véritable collaboratrice, car elle connaît tout et chacun dans l'entreprise. Grâce à elle, vous êtes toujours le premier et le mieux informé de votre département sur la vie de l'entreprise. Toutefois, vous avez pu constater pendant son absence que la secrétaire intérimaire qui travaillait avec vous était mieux organisée, plus rapide et donc plus efficace pour le secrétariat.

Vous comptez bien, tout en soulignant les qualités que vous appréciez chez elle, lui demander de faire plus et mieux.

........................................................................................

**Feuille B : prétexte**

1) Acteurs :    vous – M^me Lang

lui – M. Dubillard, votre patron

2) Votre situation : vous rentrez de congé de maternité pour reprendre votre poste de secrétaire auprès de votre patron M. Dubillard. Vous appréciez votre patron, mais durant votre congé, vous avez pris du recul par rapport à votre travail et vous ne souhaitez plus assurer un rythme aussi lourd que par le passé. Vous vous souvenez que vous étiez obligée de rester fréquemment le soir jusqu'à 18 h 30, voire 19 h 30 pour discuter avec lui des projets en cours ou des décisions à prendre. En fait, vous étiez la personne avec laquelle il testait les initiatives qu'il comptait prendre. Vous souhaitez dorénavant mieux concilier vie professionnelle et vie familiale.

# *Lui ou moi*

**Feuille A : analysé**

1) Acteurs :    vous – M. Marchand

                 lui – M. Diderot

2) Votre situation : un de vos collaborateurs, M. Diderot, vient vous voir. Vous savez qu'il veut qu'on licencie un de ses subordonnés. Compte tenu du contexte de l'entreprise, vous savez qu'un licenciement serait très mal vécu et pourrait provoquer des troubles considérables. En outre, la procédure aurait de fortes chances de ne pas aboutir.

Le subordonné en question a sans doute des défauts, mais c'est un ancien dans la maison qui, par le passé, n'a pas démérité. Par ailleurs, si le manager qui vient vous voir est un très bon professionnel, il lui arrive parfois de prendre quelqu'un en grippe sans raison réelle.

...................................................................................................

**Feuille B : prétexte**

1) Acteurs :    vous – M. Diderot

                 lui – M. Marchand, votre patron

2) Votre situation : vous avez un subordonné qui a un très mauvais état d'esprit. Il conteste publiquement le bien-fondé de vos décisions. Il n'en fait qu'à sa tête. Il est en train de dégrader les relations dans votre équipe. Vous n'en voulez plus, vous voulez vous en débarrasser. Qu'on le licencie !

Cela fait déjà plusieurs fois que vous en parlez avec votre patron. Maintenant, vous êtes décidé. Vous allez mettre votre patron au pied du mur. C'est votre subordonné ou c'est vous !

# *Des moyens !*

**Feuille A : analysé**

1) Acteurs :    vous – M. Chevalier

                         lui – M. Rotring

2) Votre situation : M. Rotring, un de vos collaborateurs, vous a demandé le recrutement de deux personnes pour mener à bien la mission dont vous l'avez chargé à la demande de la direction générale ; mission dont il estime qu'elle accroît de 20 % le plan de charge de son département. Vous avez tout fait pour tenter de satisfaire sa demande, que vous jugez raisonnable et nécessaire. Mais les tergiversations de la direction du personnel et les lenteurs administratives font que vous savez ne pouvoir compter au mieux que sur la création d'un nouveau poste, et encore, vraisemblablement pas avant la fin du premier semestre.

Vous devez annoncer à votre collaborateur qu'il lui faudra pour l'heure se débrouiller avec le personnel dont il dispose actuellement.

......................................................................................

**Feuille B : prétexte**

1) Acteurs :    vous – M. Rotring

                         lui – M. Chevalier, votre patron

2) Votre situation : vous vous rendez chez votre patron pour savoir où en est votre demande de recrutement des deux nouveaux collaborateurs que vous avez jugé nécessaire pour mener à bien la mission supplémentaire dont votre service vient d'être chargé.

Votre département marche bien, mais vous estimez tourner déjà au maximum de vos ressources eu égard à votre plan de charge. Alors comment assurer une augmentation de 20 % de travail supplémentaire ?!

# Le frustré

**Feuille A : analysé**

1) Acteurs :    vous – M. Rocher

              lui – M. Lavigne

2) Votre situation : un nouveau et jeune collaborateur (vingt-huit ans) est arrivé dans votre service depuis six mois, après avoir passé deux ans dans une autre entreprise avec des fonctions et des activités très différentes. Il vous semble qu'il manifeste peu d'initiative et qu'il fait peu d'efforts pour s'intégrer au sein du groupe.

Vous l'avez convoqué afin de vous entretenir avec lui à propos de cette difficulté qu'il semble avoir à s'intégrer à votre équipe.

..................................................................................................

**Feuille B : prétexte**

1) Acteurs :    vous – M. Lavigne

              lui – M. Rocher, votre patron

2) Votre situation : après avoir passé deux ans dans un premier emploi très différent de celui que vous occupez actuellement, vous commencez à vous demander si vous n'avez pas eu tort de changer d'entreprise et d'activité. Depuis six mois que vous êtes arrivé, vous avez l'impression qu'on ne tient aucun compte de vos compétences et de votre valeur. La meilleure preuve, c'est que votre patron ne vous a confié aucune tâche valorisante. À chaque fois vous avez dû travailler sous la responsabilité de collègues « ringards ». À vingt-huit ans, vous avez d'autres ambitions que d'être un simple exécutant. Votre patron vous a convoqué pour un entretien et vous avez l'intention de profiter de l'occasion pour vous plaindre et exiger plus de responsabilité et d'autonomie.

# *Stage de fin d'études*

**Feuille A : analysé**

1) Acteurs :   vous – l'étudiant (e)

lui – responsable des relations université-entreprises

2) Votre situation : dans votre cursus, vous avez l'obligation de vous trouver un stage de six mois dans une entreprise. Vous entrez dans le bureau du responsable des stages de la société X. Vous souhaiteriez que ce stage soit bien rémunéré. Vous vous présentez.

....................................................................................

**Feuille B : prétexte**

1) Acteurs :   vous – responsable des relations université-entreprises

lui – l'étudiant (e)

2) Votre situation : votre entreprise embauche un(e) étudiant(e) par an pour environ quatre mois. Vous appréciez particulièrement l'esprit d'initiative, la sociabilité et la variété des expériences extra-universitaires. De plus vous êtes facilement agacé par ces étudiants qui jouent les « je sais tout ».

# La définition de poste

**Feuille A : analysé**

1) Acteurs :   vous – le directeur du personnel

lui – le candidat

Vous recevez le candidat pour vous assurer de trois points : que ses titres et son expérience correspondent bien au poste ; que ce qu'il annonce est vraisemblable et, de plus, qu'il a les qualités humaines auxquelles vous attachez de l'importance.

...............................................................................................

**Feuille B : prétexte**

1) Acteurs :   vous – le candidat

lui – le directeur du personnel

2) Votre situation : vous avez obtenu ce rendez-vous en « optimisant » votre CV ; mais, en toute conscience, vous vous sentez absolument capable de faire l'affaire. Vous êtes au chômage depuis six mois et vous n'avez aucune intention de le dire. Vous estimez que les entreprises ont d'absurdes préjugés.

# La taupe

**Feuille A : analysé**

1) Acteurs :    vous – le directeur général

lui – le (la) candidat(e)

2) Votre situation : vous avez défini un poste de travail pour un recrutement. Vous recevez un très bon candidat.

..................................................................................................

**Feuille B : prétexte**

1) Acteurs :    vous – le (la) candidat(e)

lui – le directeur général

2) Votre situation : vous avez trouvé, la semaine dernière, l'emploi qui vous convient parfaitement. Vous en êtes ravi(e). Vous vous rendez tout de même à un entretien de recrutement prévu, parce que vous voudriez obtenir un maximum d'informations de cette entreprise concurrente de celle qui vient de vous embaucher. En conséquence, vous posez de nombreuses questions.

# Surprise !

**Feuille A : analysé**

1) Acteurs :     vous – le (la) candidat(e)

                lui – un responsable

2) Votre situation : votre candidature a été retenue par une entreprise. Vous êtes content(e). Vous vous êtes beaucoup entraîné(e) à l'entretien en face-à-face. Une secrétaire vous introduit dans le bureau. Surprise, ils sont plusieurs !

...............................................................................................

**Feuille B : prétexte**

1) Acteurs :     vous – un groupe de responsables

                lui – le candidat (e)

2) La situation : votre entreprise aime les cadres qui ont du répondant et qui ne se laissent pas aisément déstabiliser. Aussi avez-vous reçu la mission de poser toutes sortes de questions à un candidat réputé bon.

# Le décrutement

**Feuille A : analysé**

1) Acteurs :    vous – le DRH

                      lui – un cadre

2) Votre situation : depuis six mois, un cadre est en sous-charge. Bref, l'entreprise n'a plus de travail pour lui. Son responsable direct le lui a fait sentir sans être vraiment très clair. Vous voulez son départ à l'amiable à des conditions correctes pour lui et pour l'entreprise.

...........................................................................................................

**Feuille B : prétexte**

1) Acteurs :    vous – un cadre

                      lui – le DRH

2) Votre situation : depuis six mois, vous êtes en sous-charge et votre responsable hiérarchique direct ne vous en a jamais expliqué les raisons. Vous êtes convoqué par le DRH et cet entretien vous rend anxieux. Vous vous rendez bien compte que depuis quelques semaines vos collègues vous évitent.

# Mieux conduire les réunions

## Feuille A : analysé

1) Acteurs :    vous – M. Gabard

eux – vos collaborateurs

2) Votre situation : vous êtes convoqué à un stage intitulé « Mieux conduire les réunions », organisé par votre entreprise et animé par un formateur extérieur. Pour vous préparer à ce stage et voir ce qu'il en est dans votre service, vous avez décidé de réunir vos collaborateurs pour leur demander en quoi les réunions de service que vous faites, tous les quinze jours, pourraient gagner en efficacité.

Vous attendez beaucoup d'enseignements pour vous-même de cette réunion et vous êtes prêt à prendre quelques décisions.

......................................................................................................................

## Feuille B : prétexte (facultative)

1) Acteurs :    vous – les collaborateurs de M. Gabard

lui – M. Gabard, votre patron

*Participant 1 – Les réunions, ça ne sert à rien !*

*Participant 2 – Trop longues, les réunions !*

*Participant 3 – J'ai mieux à faire qu'assister aux réunions.*

*Participant 4 – Si au moins on s'en tenait à l'ordre du jour !*

*Participant 5 – Que l'on sache par avance pourquoi l'on se réunit.*

*Participant 6 – Que l'on arrête de prendre des décisions qui ne sont suivies d'aucun d'effet.*

## Mise en place de l'entretien annuel

**Feuille A : analysé**

1) Acteurs :    vous – M. Tallens

                eux – vos collaborateurs

2) Votre situation : vous avez convoqué vos principaux collaborateurs à cette réunion pour les informer des nouvelles dispositions mises en place par la direction des ressources humaines concernant l'entretien d'appréciation du personnel. Dorénavant, ils devront faire un entretien annuel avec chacun de leurs subordonnés, et vous-même avec chacun d'eux.

Vous comptez leur expliquer l'objectif de l'entretien d'appréciation, et la manière de s'y prendre pour que celui-ci soit profitable aux deux parties.

...........................................................................................

**Feuille B : prétexte (facultative)**

1) Acteurs :    vous – les collaborateurs de M. Tallens

                lui – M. Tallens, votre patron

2) Votre situation : vous avez une réunion avec votre patron M. Tallens et vous savez qu'il va être question de la mise en place de l'entretien annuel.

# L'esprit d'équipe

**Feuille A : analysé**

1) Acteurs :    vous – M. Manin

eux – vos chefs de vente

2) Votre situation : vous réunissez une fois par mois vos chefs des ventes régionaux pour faire le point. Chacun d'eux gère de cinq à neuf points de vente. Vous voulez qu'ils échangent des informations sur l'état du marché, les difficultés rencontrées par rapport à la concurrence, et surtout qu'ils se communiquent le « bon truc » qui a fait progresser dernièrement leur CA dans chaque région (la campagne de promotion qui a le mieux rendu, le petit détail mis en place pour l'accueil de la clientèle qui a plu, etc.). Malheureusement, vous sentez bien que chacun est réticent à donner aux autres ses « recettes ». Cette attitude nuit globalement à l'esprit d'équipe, à l'entreprise et ne profite en fait qu'à la concurrence. Vous avez décidé de leur demander de changer d'attitude et de les faire passer à l'acte.

..................................................................................................

**Feuille B : prétexte (facultative)**

1) Acteurs :    vous – les chefs de vente régionaux de M. Manin

lui – M. Manin, votre patron

*Participant 1 – Je ne vois pas pourquoi je passerais mes « tuyaux » aux autres.*

*Participant 2 – Pas question ! Je suis le meilleur et je compte bien le rester.*

*Participant 3 – Ce n'est pas une mauvaise idée...*

*Participant 4 – D'accord, mais qu'advient-il de la promotion au mérite ?*

*Participant 5 – Excellente idée. Cela m'aidera peut-être à redresser mon CA.*

# Le nouveau promu

**Feuille A : analysé**

1) Acteurs :    vous – M. Boudot

eux – votre équipe

2) Votre situation : vous venez de succéder à votre patron qui vient de partir en retraite. Même si le service marchait plutôt bien, vous avez bien l'intention de procéder à des changements car vous pensez que votre prédécesseur, certainement en raison de son âge, avait trop tendance à laisser faire et laisser être les choses et chacun.

Vous réunissez votre équipe afin de procéder à un recensement des dysfonctionnements du service et proposer un certain nombre de changements dans l'organisation et la manière de travailler afin d'y porter remède.

Inspirez-vous de votre situation réelle et de ce que vous aimeriez changer prioritairement dans votre service si vous en aviez le pouvoir.

.............................................................................................

**Feuille B : prétexte (facultative)**

1) Acteurs :    vous – les collaborateurs de M. Boudot

lui – M. Boudot, votre patron

2) Votre situation : un de vos collègues vient d'être nommé chef du service en remplacement de votre ancien patron qui vient de partir en retraite.

Il vous réunit aujourd'hui pour la première fois depuis sa toute récente prise de fonction. « Il ne va quand même pas critiquer son prédécesseur. Ça ne se fait pas ! »

# Trois volontaires

**Feuille A : analysé**

1) Acteurs :    vous – M. Reinier

eux – vos collaborateurs

2) Votre situation : votre responsable souhaite que parmi votre équipe, trois personnes fassent de la formation à titre occasionnel.

C'est bon pour développer l'expertise et ça donne le sens de la négociation. Vous faites une réunion de service pour trouver ces trois candidats.

..............................................................................

**Feuille B : prétexte (facultative)**

1) Acteurs :    vous – les collaborateurs de M. Reinier

lui – M. Reinier, votre patron

*Participant 1 – Quel est le montant de la prime ?*

*Participant 2 – Ce n'est pas mon boulot !*

*Participant 3 – À quoi ? À qui ? Combien de jours par an ?*

*Participant 4 – Ok, si on nous offre une formation à la pédagogie.*

*Participant 5 – Et qui fera mon travail durant ce temps-là ?*

*Participant 6 – Formateur ! Ça consiste en quoi précisément ?*

# Le courrier

**Feuille A : analysé**

1) Acteurs :    vous – M. Moiroud

eux – vos collaborateurs

2) Votre situation : vous êtes le directeur et vous réunissez vos responsables pour leur annoncer que désormais les huissiers ne déposeront plus le courrier à chaque secrétariat. Les secrétaires devront elles-mêmes aller chercher le courrier distribué dans des casiers près des ascenseurs. Ce n'est pas négociable. Cela vous permet de supprimer au fur et à mesure les postes sous-qualifiés d'huissiers. Vous souhaitez qu'ils adhèrent à cette mesure et qu'ils fassent passer le message à leurs collaborateurs et, bien sûr, aux secrétaires.

...............................................................................

**Feuille B : prétexte (facultative)**

1) Acteurs :    vous – les collaborateurs de M. Moiroud

lui – M. Moiroud, votre patron

*Participant 1 – Supprimer les postes, soit ! Mais que va-t-on faire des huissiers ?*

*Participant 2 – Les conditions de travail vont en se dégradant !*

*Participant 3 – D'accord ! Mais dites-le vous-même aux secrétaires !*

*Participant 4 – Ce serait bien de leur dire cela juste avant les vacances, ça passerait mieux.*

*Participant 5 – Bien sûr, c'est le bon sens !*

# L'enquête

## Feuille A : analysé

1) Acteurs :   vous – M. Vrin

   eux – vos collaborateurs

2) Votre situation : la DRH à décidé de conduire une enquête de climat social dans chaque service. L'objet de cette enquête est d'évaluer l'indice de satisfaction de chacun par rapport à l'entreprise, à son emploi, à l'organisation du travail et au management.

Vous organisez une réunion avec vos chefs de service afin de les informer du grand intérêt qu'il y a de connaître objectivement (puisque l'enquête est anonyme) ce que les personnes ressentent sur ces quatre thèmes ; les informations ainsi collectées seront très utiles à chacun d'entre eux pour améliorer l'organisation de leur service et optimiser leur manière de manager leurs subordonnés. Vous souhaitez que votre équipe produise une vingtaine de questions pour nourrir le questionnaire.

.......................................................................................................................

## Feuille B : prétexte (facultative)

1) Acteurs :   vous – les chefs de service

   lui – M. Vrin, votre patron

*Participant 1 – Encore une manière détournée de nous « fliquer ».*

*Participant 2 – Mon service marche très bien comme ça, je ne vois pas ce qu'il pourrait y avoir à changer.*

*Participant 3 – C'est la meilleure ! Se faire évaluer par ses subordonnés !*

*Participant 4 – Et pourquoi pas aussi son autocritique en public, pendant qu'on y est ?*

*Participant 5 – Si on commence à demander leur avis aux gens sur tout et n'importe quoi, où va-t-on ?*

# La présentation

**Feuille A : analysé**

1) Acteurs :    vous – M^me Skiredj

eux – vos collaborateurs

2) Votre situation : votre responsable vous a demandé de présenter le service et l'entreprise à un groupe d'étudiants de très bon niveau.

Hélas, vous ne pouvez pas être présente ce jour-là et vous cherchez donc un remplaçant dans votre équipe pour remplir cette mission. Vous demandez à l'équipe d'imaginer la présentation du service.

...........................................................................................

**Feuille B : prétexte (facultative)**

1) Acteurs :    vous – les collaborateurs de M^me Skiredj

Elle – M^me Skiredj, la responsable

*Participant 1 – C'est son problème, qu'elle ne compte pas sur moi.*

*Participant 2 – Ça consiste en quoi précisément ?*

*Participant 3 – Et qui fera mon travail pendant ce temps-là ?*

*Participant 4 – Qu'est-ce que l'on me donne en échange ?*

*Participant 5 – Cela ne fait pas partie de mon contrat de travail.*

*Participant 6 – Y a-t-il une prime ?*

# L'infocentre

**Feuille A : analysé**

1) Acteurs :     vous – M. Hauchart

eux – votre équipe

2) Votre situation : vous êtes le manager d'un service infocentre. Vos utilisateurs dans l'entreprise se plaignent que les applications informatiques que vous mettez à leur disposition soient peu fiables et que vos délais de réponse à les assister dans leurs difficultés de maintenance soient trop longs. Cette récrimination constante des utilisateurs démotive votre équipe. Vous organisez cette réunion pour les remotiver et leur demander de vous proposer des solutions afin de redresser l'image du service. Vous savez très bien que ce manque de fiabilité n'est pas réel, mais vient de leur manque de formation. Par contre, il est exact que les délais d'intervention concernant la maintenance et la mise à disposition de produits pourraient être significativement raccourcis si chacun dans le service passait moins de temps à se faire plaisir avec ses propres applications.

...................................................................................

**Feuille B : prétexte (facultative)**

1) Acteurs :     vous – les collaborateurs de M. Hauchart

lui – M. Hauchart, votre patron

*Participant 1 – On n'est pas assez nombreux. Il n'y a qu'à créer trois postes en plus et tout marchera comme sur des roulettes.*

*Participant 2 – De toute façon, les utilisateurs ne sont jamais contents.*

*Participant 3 – Pour écrire un programme, il faut le temps qu'il faut !*

*Participant 4 – Si les gens étaient plus compétents, ils nous dérangeraient moins souvent.*

*Participant 5 – Il faudrait passer plus de temps en conception, d'ailleurs il n'y a que cela d'intéressant.*

# *Arlequin*

## Feuille A : analysé

1) Acteurs :     vous – M. Fabert

 lui – M. Trappet, le P-DG

2) Votre situation : vous êtes le représentant de la société Teddy, leader français de la fabrication de peluches. Nous sommes le 15 novembre et vous avez rendez-vous, à sa demande, avec le P-DG des magasins Arlequin (9 magasins). Ce client représente 15 % du CA de la société et 20 % de votre revenu, puisque vous êtes rémunéré à la commission (5 % sur les ventes). L'année passée, vous avez eu un problème de paiement avec eux. Au lieu de régler comme convenu à 60 jours, cela a pris six mois ; un retard qui, compte tenu des agios bancaires, a réduit considérablement la marge bénéficiaire. Votre directeur des ventes vous a donné comme consigne de n'accepter de livrer la société Arlequin qu'à la condition d'un règlement comptant. Dans ce cas, il vous est permis d'accorder une remise de 3 %, mais pas plus.

................................................................................

## Feuille B : prétexte

1) Acteurs :    vous – M. Trappet, le P-DG

 lui – M. Fabert

2) Votre situation : vous êtes le tout récent P-DG des magasins Arlequin (9 magasins dans les principales villes de France) ; votre entreprise est un client important de la société Teddy (leader français de la fabrication de jouets en peluche) puisque vous représentez 15 % de son CA. Vous avez pris rendez-vous (nous sommes le 15 novembre) avec leur représentant, M. Fabert, pour lui passer une grosse commande (2 000 pièces), pour laquelle vous devez impérativement être livré avant le 1er décembre. Cette date de livraison est pour vous très importante en raison du calendrier. Noël est la période de l'année durant laquelle vous réalisez 70 % de votre CA.

# *Universalis*

**Feuille A : analysé**

1) Acteurs :   vous – M. Fitousi

lui – M. Brant

2) Votre situation : vous êtes Serge Fitousi, représentant de l'Encyclopédie Universalis ; vous êtes un vendeur chevronné et vous travaillez beaucoup sur recommandations. Un de vos récents clients, M. Victor Leroy, vous a communiqué les coordonnées d'un de ses amis, M. Brant. Vous l'avez joint au téléphone et avez obtenu un rendez-vous auquel vous vous rendez.

..............................................................................

**Feuille B : prétexte**

1) Acteurs :   vous – M. Brant

lui – M. Fitousi

2) Votre situation : votre travail et le sport auquel vous vous adonnez, tous les week-ends, vous laissent peu de temps pour lire. Vous avez deux enfants qui poursuivent leurs études universitaires : Christophe, dix-neuf ans, en première année de lettres, et Christine, vingt-deux ans, en troisième année d'architecture d'intérieur aux Arts déco. Vous avez accepté, un peu parce que vous n'avez pas su refuser au téléphone, un rendez-vous avec un représentant de l'Encyclopédie Universalis qui se recommandait de votre bon copain, Victor Leroy. C'est la rentrée. Votre budget est déjà dans le « rouge » à cause des vacances, des inscriptions universitaires et du tiers provisionnel qui ne va pas tarder à vous tomber dessus.

# L'appartement

1) Le vendeur : vous – M. Franck, agent immobilier

eux – M. et M<sup>me</sup> Arnaud

Votre situation : vous travaillez pour le cabinet immobilier La Loyale. Vous êtes de retour dans votre bureau après avoir fait visiter à un couple (la quarantaine, bon revenu, BCBG) un appartement de quatre pièces grand standing, près de la Bastille à Paris. Vous êtes sûr que l'appartement leur a beaucoup plu, mais vous avez aussi perçu que la femme n'était pas enthousiasmée par le quartier. Elle préférerait certainement le 6<sup>e</sup>, 7<sup>e</sup> ou 8<sup>e</sup> arrondissement.

...................................................................................................

2) Madame :   vous – M<sup>me</sup> Arnaud

eux – M. Franck, agent immobilier, et votre mari

Votre situation : vous avez trouvé l'appartement ravissant. Seul le quartier vous fait hésiter. Dommage qu'il ne se trouve pas dans le 6<sup>e</sup>, 7<sup>e</sup> ou 8<sup>e</sup> arrondissement. Vous êtes agacée par votre époux qui s'est déjà avancé auprès de l'agent immobilier. Comme si c'était déjà une affaire signée ! Et, bien sûr, comme d'habitude, sans même vous demander votre avis.

...................................................................................................

3) Monsieur : vous – M. Arnaud

eux – M. Franck, agent immobilier, et votre épouse

Votre situation : vous êtes enthousiaste. Exactement l'appartement dont vous rêviez. Tout vous plaît : la vue, le quartier, le confort. Et en plus à dix minutes à pied de votre bureau, gare de Lyon. Pour vous, aucune hésitation. Voila une affaire rondement menée. Vous n'avez plus qu'à annoncer à l'agent immobilier que vous achetez. Ce que vous lui dites aussitôt assis dans son bureau. Votre femme va être ravie.

# Le bas de laine

## Feuille A : analysé

1) Acteurs :    vous – M. Gilbert

lui – M. Marchand

2) Votre situation : vous êtes agent d'assurance, vous vendez des placements financiers. Vous vous rendez chez un agriculteur qui sait que vous êtes cousin d'un cousin du mari de sa nièce. Vous savez que l'année a été bonne ! Et vous venez voir ce que vous pourriez faire avec lui. Vous connaissez mal ses actifs, mais savez qu'il est viticulteur et propriétaire de son exploitation.

...........................................................................................................................

## Feuille B : prétexte

1) Acteurs :    vous – M. Marchand

lui – M. Gilbert

2) Votre situation : vous êtes propriétaire exploitant viticulteur ; l'année a été excellente, et vous avez 50 000 euros à mettre de côté. « Toutes les années ne se ressemblent malheureusement pas et peut-être que la prochaine ou la suivante ne seront pas aussi bonnes ! » Vous êtes marié, vous avez cinquante-cinq ans, un de vos fils est mécanicien en ville, l'autre, trente ans, marié, un enfant, travaille et vit avec vous. Vous avez un livret d'épargne de 5 000 euros. Le représentant qui vient vous voir est le cousin du cousin du mari de votre nièce. Vous l'accueillez gentiment, mais vous voulez savoir ce qu'il fera de votre argent : qui va s'en occuper ? Lui ou quelqu'un d'autre ? Comment fait-on pour le récupérer quand on en a besoin ? Est-ce un placement sûr ? Vous savez que la retraite des agriculteurs est insuffisante, mais comme vous dites : « On travaille tant qu'on en a la force. »

# Le concessionnaire

**Feuille A : analysé**

1) Acteurs :     vous – le concessionnaire

          lui – un client, M. Remoissenet

2) Votre situation : vous êtes concessionnaire automobile depuis quinze ans, et jusqu'à l'année dernière, d'une grande marque automobile française. Aujourd'hui, vous représentez l'un des principaux constructeurs allemands.

Vous avez rendez-vous avec M. Remoissenet, un client très fidèle qui change tous les deux ou trois ans de véhicule et qui chaque fois s'adresse à vous. D'ailleurs c'est naturel, puisque c'est vous qui entretenez les véhicules que vous lui avez vendus. Vous ne doutez pas de lui vendre, dans la gamme équivalente à la sienne, un des modèles de la marque que vous représentez actuellement.

...............................................................................

**Feuille B : prétexte**

1) Acteurs :     vous – M. Remoissenet

          lui – votre concessionnaire

2) Votre situation : tous les deux ou trois ans, vous changez votre automobile que vous achetez toujours chez le même concessionnaire. Par ailleurs, c'est lui aussi qui entretient depuis des années tous vos véhicules successifs.

Vous avez toujours été totalement satisfait de ses services. Vous jugez qu'il vous a bien conseillé en vous incitant à acheter une automobile française ; l'argument était que l'entretien revenait moins cher que celui des belles étrangères et que la qualité française n'avait rien à envier à l'américaine ou à l'allemande.